MHK

中国少数民族汉语水平等级考试（三级）

【应试指南】

主 编　郭风岚　张世方

编 者　听　　力：张世方　包小金
阅　　读：管延增　丁　帅　李庐静
书面表达：李庐静　郭风岚　窦亚晶
口　　试：王　艳

图书在版编目（CIP）数据

MHK 中国少数民族汉语水平等级考试（三级）应试指南 / 郭风岚，张世方主编．-- 北京 ：北京语言大学出版社，2009.9（2018.9 重印）

ISBN 978-7-5619-2411-2

Ⅰ．① M… Ⅱ．①郭… ②张… Ⅲ．①汉语－少数民族教育－水平考试－自学参考资料 Ⅳ．① H19

中国版本图书馆 CIP 数据核字（2009）第 132118 号

MHK 中国少数民族汉语水平等级考试（三级）应试指南
MHK ZHONGGUO SHAOSHU MINZU HANYU SHUIPING DENGJI KAOSHI(SAN JI)YINGSHI ZHINAN

排版制作：北京创艺涵文化发展有限公司
责任印制：包　朔

出版发行：北京语言大学出版社
社　　址：北京市海淀区学院路 15 号，100083
网　　址：www.blcup.com
电子信箱：service@blcup.com
电　　话：编辑部　8610-82303390
　　　　　国内发行　8610-82303650/3591/3648
　　　　　海外发行　8610-82303365/3080/3668
　　　　　北语书店　8610-82303653
　　　　　网购咨询　8610-82303908
印　　刷：保定市中画美凯印刷有限公司

版　　次：2009 年 9 月第 1 版　　印　　次：2018 年 9 月第 27 次印刷
开　　本：787 毫米 × 1092 毫米 1/16　　印　　张：试题册 13.5/ 答案册 12.25
字　　数：606 千字
定　　价：48.00 元

PRINTED IN CHINA

前　言

本书是针对中国少数民族地区参加中国少数民族汉语水平等级考试（三级）的考生专门设计编写的，为更好地提高考试效率，请考生及辅导教师仔细阅读、了解以下两部分内容。

第一部分　民族汉考（三级）介绍

一　民族汉考（三级）考什么

民族汉考全称为中国少数民族汉语水平等级考试（简称 MHK），它是专门测试母语为非汉语的少数民族汉语学习者汉语水平的国家级标准化考试。

民族汉考（三级）考什么？民族汉考课题组编制的《中国少数民族汉语水平等级考试（三级）样题详解》中明确规定："民族汉考主要考查考生的汉语语言能力"，"强调考查考生的汉语交际能力"。因此，汉语语言能力及汉语交际能力是民族汉考（三级）的考试内容。

可以说，民族汉考（三级）的考试内容既符合第二语言学习者的学习特点与目标，也是国内外第二语言学习理论的具体实践，"'教语言、考语言'是少数民族汉语教学改革的正确方向"。

从汉语语言能力的考查看，民族汉考（三级）主要考查考生的汉语听、说、读、写能力，四方面能力的考查体现在对汉语的词、句、段、篇章和汉语常识性文化内容的考查之中。

从汉语交际能力的考查看，民族汉考（三级）主要考查考生在一定语境中的汉语运用能力。语言是人类最重要的交际工具，言语交际活动内容丰富，顺利完成言语交际任务是培养汉语交际能力的主要目的。

二　民族汉考（三级）试卷构成与内容

如前所述，民族汉考（三级）主要考查考生的汉语语言能力和汉语交际能力，汉语交际能力的考查寓于语言能力考查中，其考试内容主要包括笔试和口试两部分。笔试时间约 120 分钟，满分为 300 分；口试时间约 7.5 分钟，满分为 100 分。

（一）关于笔试

笔试包括三部分内容：听力理解、阅读理解和书面表达。以下我们对每一部分内容从试题题量与题型、考查内容与目标等四个方面予以说明。

1. 听力理解

听力理解共 40 题，约 30 分钟。

（1）试题题量与题型

听力理解共 40 题，题型主要包括：① 短对话题，即两个说话人进行单轮对话，第三个人提出问题；② 长对话题，即两个说话人进行多轮对话，第三个人再提问；③ 段落题，即一段独白式话语。

试题形式包括：

① 客观题

共 15 题，只包括一男一女简短对话，第三个人就对话内容提问。

② 客观题

共 25 题，包括：

题型Ⅰ：两人组交际对话，篇幅约 150～200 字。

题型Ⅱ：一个人的独白、讲演、新闻广播、一般讲述（故事、见闻、科普知识等），篇幅为 100～400 字不等。

(2)考查内容与目标

本部分主要考查考生在汉语交际中对言语信息的把握能力。主要涉及：① 判断情景；② 判断话题内容；③ 判断说话人语气、态度；④ 判断人物身份或交际者关系；⑤ 理解特定词语、成语、惯用语等。

(3)答题方式

从试卷给出的四个答案中选择最恰当的一个。

(4)时间要求

每道题考生的答题时间为 17 秒。考试总时间约为 30 分钟。

2. 阅读理解

(1)试题题量与题型

阅读理解共 40 题，试题形式主要为给出涉及不同内容、不同长度的阅读材料，然后提出一个或几个问题由考生回答，要求回答的问题主要涉及语言运用和内容理解两方面。

题型包括：① 拼音题，考查拼音使用情况；② 词语题，考查词语运用情况；③ 词语和阅读理解题，一般由几个问题构成，设计的问题将涉及词语运用和对阅读材料涉及的内容的理解两个方面；④ 纯阅读理解题，只包括对阅读材料中涉及的内容的理解问题。

(2)考查内容与目标

本部分主要考查考生：① 对阅读材料的阅读速度。② 对试题涉及的具体内容的理解能力；③ 对试题涉及的词语的语音、语义、用法等的运用能力。

(3)答题方式

从试卷给出的四个答案中选择最恰当的一个。

(4)时间要求

本部分答题时间为 45 分钟。

3. 书面表达

(1)试题题量与题型

书面表达共 16 题，试题结构主要包括 15 道客观题和 1 道主观性试题——给条件作文。

① 客观题

共 15 题，包括两种题型：

题型Ⅰ：在一个句子中有一个或两个空儿，考生选择最恰当的答案填入其中（在答卷上画出该项字母）。句子中的空儿主要涉及关联词语和词序方面的内容。

题型Ⅱ：在一句话中有四个画线的词语，若去掉其中一个词语则句子就成为病句，考生须找出这个不能删掉的词语，并在答卷上画出表示该词语的字母。

② 给条件作文

给条件作文字数要求不低于 350 字（不包括已经给出的提示性语句），作文体裁涉及记叙文、说明文、议论文、书信等，题型主要有：

题型Ⅰ：句首语写作

即每篇作文除给题目外，还给出相关段落的开头语，考生根据题目与开头语的内容与要求续写下去。

题型Ⅱ：提示性写作

包括开头给出一段话让考生续写下去、给出一个主题内容让考生进行扩写、给出写作提纲让考生按照提纲线索写作，以及写读后感、书信等不同文体的文章。

题型Ⅲ：看图写作

即给出一幅画或一组图示，考生根据图示内容及提示要求写出作文，一般要求考生自己加上题目。

（2）考查内容与目标

客观题主要考查考生语言运用能力，主要涉及：常用词组、短语、句型和固定格式，复句中关联词语的使用，词语间的搭配与衔接等。

主观题作文主要考查考生：

① 能否正确使用汉语进行书面表达，包括汉字书写是否正确，标点符号使用是否正确，语言运用是否正确、合适，等等。

② 是否掌握了记叙文、议论文、说明文等不同体裁的写作方式，写作内容是否连贯、完整。

（3）答题方式

客观题的答题方式是从试卷给出的四个答案中选择最恰当的一个。主观题为写作文。

（4）时间要求

本部分客观题的答题时间为10分钟，主观作文答题时间为35分钟。

（二）关于口试

口试部分要在笔试之外单独进行。

（1）考试方式

口试为机试，考生登录考试系统，按照考试流程逐一答题。

（2）考查内容与目标

口试主要考查考生使用汉语进行口头表达的能力，试题一般由朗读短文和根据短文回答问题两部分组成。

第二部分 关于本书的编写与使用

一 本书的特点

本书是在参考大量文献并总结此前出版的相关考试用书基础上、严格按照《中国少数民族汉语水平等级考试大纲（三级）》（以下简称《民族汉考（三级）大纲》）精心编写而成的民族汉考（三级）考前辅导用书，本书主要体现了优、新、特、全的特点，具体来说：

1. 考生与教师双向适用

本书采用讲练结合的方式，既适用于教师进行针对性辅导，帮助学生全面掌握《民族汉考（三级）大纲》的有关要求，熟悉考试的题型，掌握答卷的方法，对考生备考起到正确的指导作用；也适合考生自我测评，考生可通过分项练习、计时练习和模拟试卷三种共20套强化性试题的测试，提高自己的应试水平。

2. 试题命制科学、实用

本书在试题命制过程中严格坚持以下原则：

（1）坚持科学性与实用性的统一

本书严格以《民族汉考（三级）大纲》为编写的基本依据，题量、题型、考试时间和难度做到与真题完全一样，使得应试者在模拟实战演练的环境中有所收获。试题重点考查考生语言知识点的掌握情况和言语交际能力，涉及考点的句子，其语言知识的难易度适当。

(2)坚持广泛性与针对性的统一

广泛性是指语料的选择来源包括古今中外各类书籍、报纸杂志、广播电视、互联网等方面,涉及的内容包括社会、经济、文化、历史、科技、教育、自然等方面,保证语料所提供的信息量大。在坚持语料选择广泛性的同时,我们也十分注意语料内容的针对性,即语料内容贴近考生的实际学习情况、生活经验和阅读水平。

(3)坚持真实性与规范性的统一

本书的语料全部来源于真实的语言环境,编者尽量保持了语料的原始性与完整性。同时,我们坚持选取规范的语料,保证语料真实性与规范性的统一。

3. 试题解析细致、深入

许多考生对自己做错的题印象深刻,常常希望知道自己错在了哪里,为此,我们特对所有试题涉及的考点做了较为详细的解析,力求使考生既知其所然、又知其所以然。

二　本书的结构

本辅导用书含试题册、录音文本与答案册,两部分分别成册。试题册含 4 套仿真模拟试题、10 套分项练习题和 6 套计时练习题,每套试题均由听力理解、阅读理解、书面表达和口试四部分组成,每一部分都包含试题、重点讲解或提示两部分内容。录音文本与答案册由录音文本、答案和题解三部分内容构成。

三　本书的使用

本书作为民族汉考(三级)考试辅导用书具有两大功能,即考前测试与学习功能。为提高使用效率,我们特为使用本书的考生和教师提供如下建议:

(一)给学生的话

虽然本书是一本考试辅导用书,但是不仅适用于准备参加民族汉考(三级)考试的考生,也适用于正在学习汉语的所有少数民族高中学生。

作为考试辅导用书,考生可以将本书每一套测试题严格按照考试要求进行自测,以此来检测自己目前的水平。自测后再根据自身情况进行针对性复习,这样可以达到事半功倍的效果。以下我们从听力、阅读和书面表达三方面给考生提供一些建议。

1. 听力

听力成绩不太好的考生,大多是因为听得过少,对汉语的反应不够快。提高听力最好的方法就是多听,多理解。在这部分,考生可以尝试反复精听本书所配的录音,直至把录音完全听懂为止。听的时候要注意理解说话人的话语语气、态度以及说话人之间的关系,学会抓住话语所表达的主要内容、抓住话语中的关键词语进行合理推理与判断。虽然反复练习比较枯燥,但这是最为有效的方式,希望考生能够坚持。在时间安排上,每天精听的时间也不宜过长,半个小时至一个小时为好。这样,人的精神比较容易集中,效率也高,听力能力提高得也会比较快。如果考生可以接受我们的建议并去实践,相信在不太长的时间内,听力水平可以得到一定的提高。

2. 阅读

阅读部分是民族汉考中比重最大的一部分。阅读成绩不太好的考生,有的是因为阅读量不够,有的是因为不理解题目的意思,缺少做题的经验。我们建议考生可以从以下两方面来利用本书提高阅读成绩。

由于本书严格按照民族汉考(三级)考试大纲编写,阅读文章的长度、出题的角度和真题保持一致。考生可以反复利用书中所给的阅读材料,将精读和泛读相结合,以此来提高自己的阅读能力。在时间安排上保证每天至少精读一篇,泛读三篇。精读的时候不仅要注意弄清楚文章的结构，更重要的是要体会每一句话的意思及其在文章中的作用。除此之外，关键词语的推理和判断也是非常重要的。泛读就是快速浏览式阅读，通过对话语或短文的快速浏览，抓住作者的语气、态度，抓住阅读材料所表达的主要内容。精读可以提高考生理解的能力，泛读对提高考生阅读的速度有好处。

另外，考生在做完试题之后可以结合答案对问题进行研究，观察每一种类型的问题，答案可能出现在什么地方。例如，如果是问主旨或中心思想，答案一般就在文章的开头或结尾。如果是细节题，则要找到题干中出现的关键词，然后回到文章中找到对应的部分，答案一般就在附近。只有主动地去研究出题的模式，才能有效地提高做题的效率。如果考生能够按照我们的建议进行复习，相信提高阅读成绩并不难。

3. 书面表达

书面表达分为两部分，第一部分的重点是汉语语法，即汉语句子的结构顺序、一些特殊句式的特点等。这一部分的学习需要考生进行长时期的积累以及有针对性的练习。本书的这一部分练习集中了汉语句子的基本结构顺序和各种句式。考生除了可以用这些题自测之外，也可以在自测后将正确答案填入句子，熟悉正确的句式和用法。如果发现哪一种句型比较容易出错，就要特别注意此类句型或结构的用法。比如，若考生每次自测时都会在"把"字句方面出错，那么就要特别了解"把"字句的用法，找到病症后再多找些"把"字句例句体会其功能特点。除此之外，考生可以利用本书所提供的阅读文章体会句子的结构及相关句式的特点。做到一文多用。

书面表达的第二部分是作文。提高作文水平最好的方法就是多写多练。如果考生一开始觉得自己写不出东西来，可以先看范文，了解范文的结构和词汇，多读多记，如果能背下来最好。在对范文的逐渐熟悉中，尝试自己写，写完之后再与范文对照，修改自己文中条理不清和用词不当的部分，在多次修改中考生的写作能力可以得到很快提升。

我们对写作部分的练习建议是：分项练习里的作文题可以三天精写一篇，尽量做到多遍修改；计时练习则可以先只写提纲，培养写作思路，再根据范文扩展内容；模拟试题部分最好严格按照考试规定的时间完成，以此来自测每一阶段的写作水平。

总之，考生们在学习过程中尽量不要死记硬背，而要尝试将语言知识寓于交际情景中，在使用语言中培养自己的语感。平时多读、多背一些好文章。只有熟悉了汉语本身的特点，培养了良好的汉语语感，才能做到知己知彼、百战不殆。

(二)给教师的话

以下我们将简要地为教师介绍如何根据本书进行考前辅导，以便最大限度地发挥本书的作用。教师可以参考使用，也可以对之加以修订以适应自己的教学方法。

本书基本涵盖了民族汉考(三级)考试考查的语法、听力和阅读的大部分内容。教师可以在辅导前将本书结合考试大纲进行重点梳理，以便有计划地进行备课。在讲解和练习的时候，我们建议教师重点讲解分项练习，考生回家独立完成计时练习，模拟试题作为测验使用。在讲解时，可以采取分专题重点突破的方式，每天对相关内容进行训练。

在具体辅导的时候，我们建议教师每天先用半个小时讲解专题的基本做题方法和注意事项。然后让学生做一套相关分项练习，学生做完后由教师进行重点归纳讲解。在讲解时，为提高效率，可以将时间集中在重复出现或容易出错的考点上。计时练习则让学生独立完成，然后对照详细题解改正错题。

在听力部分，教师可以引导考生养成先看题，再听录音，听录音的时候关注重点信息的习惯。例如：如果选项是四个不同的时间词，就可以知道本题所考的是时间细节，教师可以引导考生在听录音的时候重点关注时间信息，要注意区分不同时间所代表的意义，以便判断符合题意的正确答案。如果考生选择错误，教师可以带着考生分析错误的原因，根据不同的原因来进行专项训练。

在阅读部分，教师同样可以引导考生先看题，了解出题意图之后再看文章。教师可以事先归纳好各种题型的选择模式，在讲解做题方法的时候告诉考生。例如，主旨题答案一般在文章开头或结尾，细节题关注关键词，判断题要找出文中相关的每一个细节等。这样可以提高考生的做题效率。除了提高阅读能力，训练一种应考的思维也是提高分数最好的方法。本书大量的文章和题目可以提供给教师进行相关训练。

语法和作文部分重在培养考生的语感。在辅导中，教师可以根据大纲和书中出现的重点语法现象给考生讲解，尽量做到讲练结合，让考生在听讲和做题中慢慢了解汉语的结构特点与规律。除此之外，本书题解中的范文以及大量的阅读材料都是经过选择的真实语料，教师可以引导学生多读多背诵，对提高汉语语感很有帮助。

采取一天一个专项，重点突破的辅导方式，好处是针对性强，效果较好，集中于单一的重点也可以减轻学生的记忆负担。另外，每个星期可以进行一次测验，即严格按照正式考试的时间和要求来完成本书中的模拟试题。通过测试，教师可以掌握考生每一阶段的问题和进展，从而在下一个阶段进行重点调整和有针对性的复习，达到事半功倍的效果。

本书还可作为教师平时教授汉语过程中的参考手册。无论如何，我们都希望，并且相信本书能够成为广大教师在教授和辅导汉语中的好帮手。

编　者

2009.8

目　录

民族汉考（三级）主考用语

1. 待考生入场、清点考生人数完毕后，主考向考生宣读：

朋友们，你们好！欢迎大家参加今天的中国少数民族汉语水平等级考试。

现在我宣布考场纪律：

1. 请关闭手机和寻呼机。除了准考证、身份证、手表、铅笔、钢笔或圆珠笔、尺子和橡皮以外，不要把别的东西放在桌子上。请大家把准考证、身份证放在桌子的右上角。

2. 考试过程中请不要说话，不要观看别人的答卷或举起答卷让别人看。

3. 请不要随便离开座位，如果有特殊情况，请举手，得到主考允许后再离开。

4. 请不要把试卷和答卷带出考场，不要抄录试卷内容，考试结束时，试卷和答卷都要完好地交还，不能有任何缺损。

（主考环视考场，监考巡视考场，停顿 5 秒钟；当确认无违规者后，主考宣读：）

现在请监考老师分发试卷和答卷，拿到试卷后，请不要打开；拿到试卷后，请不要打开。听到打开的命令后，再打开。（主考按事先划分的区域，根据实到考生数将试卷和答卷交给监考，监考核对无误后按顺序将试卷和答卷直接发放到考生的手中，不要传递，发完后，主考宣布：）

朋友们，我们马上就要开始播放考试说明了。如果哪位听不清楚，请举手。现在请大家戴上耳机。（主考环视考场，待考生全部戴好耳机后，按下录音设备的放音键。）

2. 音乐（中国民乐。30 秒。渐弱。）

3. 三位播音员按女、男、女的顺序，每人播讲一遍欢迎词（语速稍慢，下同）：

朋友们，你们好！

中国少数民族汉语水平等级考试是专门为测试中国少数民族汉语学习者的汉语水平而设计的一种标准化考试。欢迎大家参加今天的考试，祝各位取得好成绩，谢谢。

4.

中国少数民族汉语水平等级考试材料有两种：一种是试卷，一种是答卷。答案一定要写在答卷上，不能写在试卷上。

5.

现在请大家填写“中国少数民族汉语水平等级考试答卷”，请大家参照准考证的式样逐项填写姓名、民族、性别、考点代号和序号。填写时，横道一定要画得粗一些，重一些，把括号画满。最后请填写试卷号码，试卷号码在试卷的右上方（停顿 70 秒）。

6.

考试共有三项试题，分别是听力理解、阅读理解和书面表达。每项试题都有规定的答题时间，答题时只能在规定的时间里做某一项试题，不能提前做，也不能过了时间再回头补做。例如，在做第二项的时间里，不能提前做第三项，也不能回头补做第一项。

7.

每道选择题都有 A、B、C、D 四个答案。请你在四个答案中选出唯一恰当的答案，然后在答卷上找到对应的题号，在代表正确答案的字母上画一横道，横道一定要画得粗一些，重一些，把括号画满。

8.

第三项书面表达有两部分内容。第一部分为选择题，第二部分为写作题。写作题请使用钢笔或圆珠笔书写。

9.

现在请打开试卷，翻到第一页第一部分（停顿 10 秒）。请注意：听力理解只放一遍录音，每道题后有 15 到 20 秒的答题时间，请你一边听，一边答。好，请大家准备好，听力理解考试现在开始。

10.

请大家摘下耳机。现在“阅读理解”考试开始，从 41 题到 80 题，共 40 题，时间 45 分钟（主考将起讫时间写在图表上）。

11.

“阅读理解”考试还剩 5 分钟。

12.

“阅读理解”考试现在结束。请大家进入**“书面表达”**考试，从 81 题到 96 题，共 16 题。时间 45 分钟。请大家先做第一部分 81 到 95 题。时间 10 分钟（主考将起讫时间写在图表上）。

13.

“书面表达”第一部分考试还剩 3 分钟。

14.

“书面表达”第一部分考试现在结束，请大家进入“书面表达”第二部分第 96 题的考试，时间 35 分钟。

15.

“书面表达”第二部分考试还剩 5 分钟。

16.

“书面表达”考试现在结束。请大家马上放下笔，停止做题，合上试卷，核对自己的名字、考生代号等是否填写正确。

现在请监考收试卷和答卷（直接从考生手中收，不要传递），请大家坐在原位，保持安静。在清点完试卷和答卷之前，请大家坐好，不要说话，不要离开考场。

17.

现在可以离场，谢谢各位合作。

口语考试说明

朋友们,你们好!

欢迎大家参加中国少数民族汉语水平等级考试三级口试。口试分为两个部分,第一部分是朗读短文,第二部分是根据短文回答问题。

步骤 1:考试登录

请输入你的考生代号,按"登录"按钮登录。

步骤 2:登录确认

请核对屏幕上你的照片、姓名、性别、民族和考生代号是否正确,如果有问题请举手。没有问题请用鼠标单击"下一步"按钮。

步骤 3:调整耳麦

请戴好耳麦,按屏幕例图中的提示调整好耳麦,准备录音。

步骤 4:试录一准备试录

请用鼠标单击"测试"按钮,进行试录。

步骤 4:试录一录音

开始试录,请读屏幕上的句子,时间 20 秒。

我现在正在参加中国少数民族汉语水平等级考试三级口试。

步骤 4:试录一播放试录内容

试录完毕,单击"播放"按钮,可以试听录音效果。

步骤 4:试录一播放试录内容

请注意:正在播放你试录的内容,如果音量太大或太小可重新测试,确认没有问题后可点击"录音"按钮开始考试。

步骤 4:试录一准备开始

试听完毕,单击"录音"按钮,进行正式考试。

步骤 4:试录一确认开始考试

试听完毕,单击"录音"按钮,进行正式考试。

MHK 考试系统会提示:现在正式开始录音! 准备好了吗?

鼠标单击"是(Y)"按钮,开始考试。

步骤 5:录入考生信息一说明

请看屏幕,在"嘀"声后回答问题。

步骤 5:录入考生信息一姓名

请在"嘀"声后开始录音。

你叫什么名字?

步骤 5:录入考生信息一民族

请在“嘀”声后开始录音。

你是什么民族？

步骤5:录入考生信息一考生代号

请在“嘀”声后开始录音。

你的考生代号是多少？

步骤6:朗读短文一题目说明

现在开始口试第一部分，朗读短文。

请看屏幕，注意：短文只朗读一遍，准备60秒，朗读90秒。

步骤6:朗读短文一准备

口试第一部分，朗读短文。

请看屏幕，准备60秒，朗读90秒。

步骤6:朗读短文一录音

口试第一部分，朗读短文。

请在“嘀”声后开始朗读短文。

步骤7:回答问题1一说明

现在开始口试第二部分，根据短文回答问题。

第一个问题。请看题目以后准备30秒，回答30秒。

步骤7:回答问题1一准备

口试第二部分，根据短文回答问题。

第一个问题。请看题目以后准备30秒，回答30秒。

步骤7:回答问题1一录音

口试第二部分，根据短文回答问题。

请在“嘀”声后开始回答第一个问题。

步骤8:回答问题2一准备

口试第二部分，根据短文回答问题。

第二个问题。请看题目以后准备2分钟，回答2分钟。

步骤8:回答问题2一录音

口试第二部分，根据短文回答问题。

请在“嘀”声后开始回答第二个问题。

步骤9:考试完毕

正在打包本次考试的录音文件并上传到服务器，请等待……

步骤10:考生离场

口试到此结束，考生可以离开。谢谢。

MHK

中国少数民族汉语水平等级考试(三级)

笔 试 部 分

模拟试卷(一)

注 意 事 项

一、汉语水平等级考试试卷分为卷Ⅰ和卷Ⅱ两部分:

1. 卷Ⅰ为客观选择题,每题都有四个供选择的答案,要求在答题卡上画出代表正确答案的字母,每题只能画一横道,如[A][B]▇▇[D],多画作废。

请考生注意:卷Ⅰ使用阅读机阅卷,答案必须用铅笔画在答题卡上,不能写在试卷上。

卷Ⅰ包括三项内容,共95题:

(1)听力理解(40题,约30分钟)

(2)阅读理解(40题,45分钟)

(3)书面表达(15题,10分钟)

2. 卷Ⅱ为书面表达主观题(作文),35分钟。内容用黑色钢笔或签字笔写在答题卡的方格内。

全部考试时间约120分钟。

二、注意每部分试题的答题说明,严格按照说明的要求,在规定的时间内回答问题。

三、严格遵守考场规则,听从主监考的指挥。考试结束后,必须把试卷和答题卡放在桌子上,等监考人员收回、清点后,才能离场。

1 • 1 • 1 • 1 • 1 • 1 • 1

一、听力理解

（40 题，约 30 分钟）

第一部分

说明：1～15 题，这部分试题，都是两个人的简短对话，第三个人根据对话提出一个问题，请你在四个书面答案中选出唯一恰当的答案。

例如：第 8 题，你听到：

第一个人说：……

第二个人说：……

第三个人问：……

你在试卷上看到四个答案：

A 衬衫　**B** 毛衣　**C** 裤子　**D** 鞋子

第 8 题唯一恰当的答案是 **C**，你应该在答题卡上找到号码 8，在字母 **C** 上画一横道。横道一定要画得粗一些，重一些。

8 ［**A**］［**B**］■［**D**］

1. A 春天
   B 夏天
   C 秋天
   D 冬天

2. A 能帮忙
   B 不能帮忙
   C 没意思
   D 不知道

3. A 不好吃
   B 吃饱了
   C 再吃点儿
   D 还没饱

4. A 想看比赛
   B 想和男的赛跑
   C 锻炼身体
   D 不想跑步

5. A 不满意
   B 满意
   C 生气
   D 批评

6. A 办展览
   B 参观博物馆
   C 参观一个展览
   D 节能

7. A 很高兴
   B 很满意
   C 还可以
   D 不太满意

8. A 大城市
   B 农村
   C 田野
   D 郊外

1·1·1·1·1·1·1

9. A 张红哭了
   B 张红没考好
   C 张红犯错了
   D 张红看错了

10. A 女的想出国
    B 男的想出国
    C 都想出国
    D 都不想出国

11. A 很有趣
    B 没意思
    C 很新鲜
    D 有很多道理

12. A 和朋友逛街
    B 在家看电视
    C 和朋友聊天儿
    D 看电影

13. A 当翻译
    B 辞职了
    C 编辑
    D 公务员

14. A 无聊
    B 很喜欢
    C 不满意
    D 不再来了

15. A 价格
    B 质量
    C 品种
    D 服务

第二部分

说明: 16～40 题,在这部分试题中,你将听到几段简要的对话或讲话。每段话之后,你将听到几个问题,请你在四个书面答案中选出唯一恰当的答案。

例如: 第 25～27 题,你听到:

第一个人说:……

第二个人说:……

……

第三个人根据这段对话提出 3 个问题:

25. 问:……

你在试卷上看到四个答案:

A 饭馆　**B** 邮局　**C** 商店　**D** 路口

根据对话,第 25 题唯一恰当的答案是 **A**,你应该在答题卡上找到号码 25,在字母 **A** 上画一横道。横道一定要画得粗一些,重一些。

25 ■ [B] [C] [D]

……

你又听到:

27. 问:……

你在试卷上看到四个答案:

A 寄信　**B** 打电话　**C** 取包裹　**D** 买报纸

根据对话,第 27 题唯一恰当的答案是 **D**,你应该在答题卡上找到号码 27,在字母 **D** 上画一横道。横道一定要画得粗一些,重一些。

27 [A] [B] [C] ■

如果是一段讲话,在播放完讲话后,提出几个问题。

16. A 吃饭
    B 爱人
    C 做饭
    D 工作

17. A 小王
    B 小王的丈夫
    C 都不做
    D 一起做

18. A 小王爱吃
    B 小王做饭好吃
    C 小王会买吃的东西
    D 小王的丈夫做菜好吃

19. A 很好
    B 很差
    C 不好
    D 不太好

1·1·1·1·1·1·1

20. A 很好
B 还可以
C 通过
D 没通过

21. A 口语
B 阅读
C 听力
D 写作

22. A 多写
B 多看
C 多说
D 多听

23. A 工作
B 教育
C 医疗
D 社会问题

24. A 坐出租车
B 走路
C 坐公共汽车
D 骑自行车

25. A 北京
B 乌鲁木齐
C 西安
D 伊犁

26. A 白色不透明
B 小颗粒
C 圆形
D 扁形

27. A 阴天并且有雾
B 晴天
C 刮风的时候
D 温度升高的时候

28. A 消失
B 持续
C 变得更大
D 变得更小

29. A 晴天
B 阴天
C 多云
D 下雨

30. A 一样
B 不一样
C 没关系
D 故事中没有提到

31. A 大盒子
B 6个果实
C 尖石头
D 塑料纸

32. A 留给自己三个
B 都留给了自己
C 给了猴子A两个
D 都给了猴子A

33. A 猴子没有合作意识和公平意识
B 猴子有合作意识和公平意识
C 猴子是自私的
D 付出多的人应该得到更多的果实

34. A 死海
B 一个名字叫“死亡”的大海
C 大沙漠
D 大湖

35. A 不是第一次
B 是第一次
C 是第二次
D 是最后一次

1·1·1·1·1·1·1

36. A 很精彩
    B 很惊人
    C 很关键
    D 太简单
37. A 虽然很老了,老骆驼的身体还很好
    B 应该向别人介绍自己的经验
    C 所有的经验都很简单,重要的是怎么运用它
    D 向别人介绍经验应该很详细
38. A 瑞士
    B 美国
    C 英国
    D 瑞典
39. A 火车上
    B 轮船上
    C 飞机上
    D 汽车上
40. A 她长大了
    B 她在旅行
    C 服务员治好了她的病
    D 她太想看到那只小鸟了

2 · 2 · 2 · 2 · 2 · 2 · 2

二、阅读理解

（40 题，45 分钟）

说明： 41 ～ 80 题，每段文字后都有几个问题，每个问题都有 ABCD 四个答案，请阅读后根据每题要求选择唯一恰当的答案，并在答卷相应字母上画一横道。

41

11 月 26 日，乌鲁木齐市第二十七小学举行“向不文明行为告别”承诺签名仪式，全校师生在“向不文明行为告别”的条幅上郑重签上自己的名字，活动旨在让小学生们彻底告别那些不文明行为，更加崇尚文明，说文明话，做文明事，做文明人。

【41】文中画线词拼音正确的一个是：

A 举行（jǔháng）　　B 郑重（zhèngzhòng）
C 彻底（qièdǐ）　　D 更加（gēngjiā）

42

在困难和挫折面前，没有越不过去的鸿沟，顺境中常常存在着失败的因素，在困境中也往往隐藏着意想不到的成功。有时候，失败和挫折也是一种恩惠。没能成功，可能不是缺少希望，而是缺乏反败为胜的眼光和智慧。

【42】从这段话中我们可以知道：

A 失败之后一定会成功　　B 成功都是从失败当中来的
C 面对失败的时候，不要失去信心　　D 没有真正的成功，也没有真正的失败

43 ～ 45

人生在世，生活中出现令人生气的事情是在所难免的，如果凡事都要生气，就会有生不完的气。生气就__43__是用自己的脚去拼命地踢石头（45），疼的只能是自己。而要做到不生气或者少生气，也全靠自己。世界像一面镜子，你对它哭，它就对你哭；你对它笑，它就对你笑。

【43】文中__43__处应该填写的词语是：

A 好歹　　B 好比　　C 好些　　D 好奇

【44】作者要表达的观点是：

A 生活中会有很多令人生气的事情
B 不要拼命踢石头，要保护自己的脚
C 生活像一面镜子
D 要学会控制自己，少生气

【45】文中的画线部分“石头”是指：

A 人生　　B 事情　　C 生气的事　　D 困难的事

2·2·2·2·2·2·2

46 ～ 47

农历三月初三是__46__壮族群众的传统歌节，也是瑶族、侗族等民族的传统节日。广西壮族自治区从 2014 年起，把每年的农历"三月三"定为公众假日，自治区全区按__47__放假两天。

【46】文中__46__处应该填写的词语是：

A 广大　　B 广泛　　C 广阔　　D 广告

【47】文中__47__处应该填写的词语是：

A 规律　　B 规划　　C 规模　　D 规定

48 ～ 50

滑冰是一个比较传统的冬季锻炼__48__，由于环境要求不是很严格，在北京冬季可以滑冰的地方很多。又由于锻炼__49__可以根据个人体力量力而行，因此滑冰是一项老少皆宜的活动。经常参加滑冰运动，不仅能__50__心血管系统和呼吸系统的机能，更能有效地培养人的勇敢精神。

【48】文中__48__处应该填写的词语是：

A 项目　　B 目标　　C 目的　　D 目光

【49】文中__49__处应该填写的词语是：

A 高度　　B 程度　　C 温度　　D 强度

【50】文中__50__处应该填写的词语是：

A 改革　　B 改善　　C 改良　　D 改造

51 ～ 52

据该校校长刘雪霞介绍，学校向全校师生发出倡议：向不文明行为告别，__51__抵制不文明言行，从自身做起，从小事做起，从现在做起，__52__文明形象，争做文明学生，共建文明校园。

【51】文中__51__处应该填写的词语是：

A 自由　　B 自身　　C 自觉　　D 自动

【52】文中__52__处应该填写的词语是：

A 建立　　B 树立　　C 成立　　D 立场

53 ～ 56

第五届北京青年学习节和本年度最后一次大型书市将于 2008 年 11 月 28 日至 12 月 8 日在地坛公园举行。本次活动__53__了 300 余家出版发行单位，将有少儿类、生活类、社科类、文学类等 20 余万个品种的图书展览和丰富主题活动。据介绍，为了感谢志愿者们在奥运会、残奥会期间所付出的努力，北京奥运会、残奥会志愿者凭"胸卡"可免票入园，特别是在 12 月 5 日的"国际志愿者日"那天，书市将举办"微笑北京"的主题活动。

【53】文中__53__处应该填写的词语是：

A 集中　　B 集合　　C 集体　　D 集团

【54】下列选项正确的是：

A 11 月 28 日至 12 月 8 日，大家可以免费游览

B 11 月 28 日至 12 月 8 日，北京奥运会、残奥会志愿者可以随便入园

C 12 月 8 日地坛公园书市结束

D　2008年北京只举行了一次大型书市

【55】北京奥运会的志愿者：

A　在奥运会、残奥会期间付出了很多努力

B　只有12月5日可以免票入园

C　组织了这次大型书市

D　为这次大型书市提供志愿者服务

【56】这段文字是：

A　开业启事　　B　工作报告　　C　新闻消息　　D　活动计划

57～59

北京大学中文系应届毕业生胡春华立志去西藏工作，他的这个愿望得到了全家人的热情支持，他的哥哥在给他的信中说："5月4日，我们单位有几位同志在电视中看到你了，可惜我没看见，接着我看到了报纸上关于你毕业后申请赴藏工作的报道。你终于下了大决心，按你的思想去走自己的路了。从事业上说，我应该支持你；从感情上说，心里头总有点苦味儿。我想，这你是理解的吧！既然你下了大决心，那你就勇往直前吧！你申请到西藏去，家里都支持你，至于外界舆论，你不要理会。关键是今后的道路是艰苦的、漫长的、曲折的，希望你向着自己的目标，坚持到底。"

【57】胡春华的哥哥是怎么知道胡春华要去西藏的？

A　在电视上看到的　　B　胡春华的父母说的

C　弟弟胡春华告诉他的　　D　他的同事告诉他的

【58】为什么胡春华的哥哥心里头有点苦味儿？

A　弟弟大学毕业了

B　弟弟没有告诉他去西藏的事情

C　担心弟弟在西藏的生活比较艰苦

D　自己没有在电视中看到弟弟申请赴藏工作的报道

【59】通过这段短文，我们可以知道，外界对胡春华申请赴西藏工作的评论是怎样的？

A　很支持　　B　很佩服

C　有人佩服，有人怀疑　　D　认为他今后的道路太漫长和曲折

60～62

在北京的东北角，有一个以20世纪50年代建成的工厂命名的艺术区，这就是798艺术区。它位于北京朝阳区酒仙桥街道大山子地区，故又称大山子艺术区，原为国营798厂等电子工业的老厂区所在地。此区域西起酒仙桥路，东至京包铁路，北起酒仙桥北路，南至将台路，面积60多万平方米。从2001年开始，来自北京周边和北京以外的艺术家集聚798厂，他们以艺术家独有的眼光发现了在此处从事艺术工作的独特优势。他们充分利用原有厂房的风格（德国包豪斯建筑风格），稍作装修和修饰，使之成为富有特色的艺术展示和创作空间。现今798已经引起了国内外媒体和大众的＿60＿关注，并已成为了北京都市文化的新地标。

【60】文中＿60＿处应该填写的词语是：

A 广大　　B 广泛　　C 广阔　　D 广告

【61】798 艺术区：

A 20 世纪 50 年代形成的　　B 有很多德国艺术家

C 现在还有 798 工厂　　D 已经成了文化艺术区

【62】可以做这篇文章标题的一句话是：

A 798 在哪里　　B 798 艺术区的形成

C 798 是什么　　D 北京工业的发展历史

63～66

男人过去在公共场合往往都显得非常自信，①他们很自然地在这些方面占据上风。但是一项最新的研究结果表明，男人们正在与一场信心危机作斗争，他们中有接近一半的人承认，在大部分的时间里感到很担心，尤其是在工作上，特别是在女人的身边工作时。

近两年来共有约 2000 名 16～65 岁的男人参与了调查，大部分人承认难以对自己的社会地位感到自信。大约有一半的人觉得在工作上感到最为不安，而另有 40%的人表示，在夜间与朋友外出时缺乏自信。所有的人一致认为，是女人让②他们越来越缺乏自信，并表示有女人在旁边时，他们不自信的感觉明显增强。

据心理专家说，男人的自尊心可能比女人更容易受伤，因为③他们在评价自己的社会地位时，常常是根据某一方面的成就，比如职业或者工资等。但是这些标准的不确定性都很高，所以男人比女人更容易变得不自信。

今年 9 月，上海的心理专家成立了一个心理帮助中心，④他们的主要目的就是帮助那些难以开口寻找帮助的男人们。

【63】男人什么时候感到特别担心？

A 在公共场合　　B 在工作的时候

C 在大部分时间里　　D 在女人的身边工作的时候

【64】文中的四个"他们"，哪一个与其他的意思不同？

A ①　　B ②　　C ③　　D ④

【65】这段话的主要观点是什么？

A 男人以前很自信　　B 男人越来越不自信

C 男人没有女人自信　　D 男人需要帮助

【66】男人更容易缺乏自信的原因是什么？

A 没有标准　　B 标准不一样

C 标准不高　　D 标准不确定

67～70

今年 10 月公布的一项调查显示，有超过一半的 18 岁以上的美国成年人玩儿电子游戏，而且每 5 个人中就有 1 个人天天玩儿电子游戏。这项调查显示 53%的 18 岁以上成年人玩儿电子游戏，不过这一比例随着年龄的增长而大幅下降。调查还发现，尽管有相当多的成年人玩儿电子游戏，但在十几岁的孩子中玩儿电子游戏的人数更多。在接受调查的十几岁的孩子中，总共有97%的人说自己(68)打游戏。该调查还表明,男人比女人更有可能玩儿电子游戏,比例分别为55%和50%。

教育程度高低与玩儿电子游戏人数比例成正比,在接受过高等以上教育的被调查人中,有57%的人玩儿电子游戏,这一比例在高中和高中以下学历的人中分别为51%和40%。调查还发现,经常上网的人比很少上网的人玩儿电子游戏的可能性更大。有64%经常上网的人玩儿电子游戏,而在很少上网的人中,这一比例仅为20%。

【67】下面哪一句的说法是对的?

A 有不到一半的成年人玩儿电子游戏
B 有58%的成年人玩儿电子游戏
C 玩儿电子游戏的成年人比十几岁的孩子还多
D 玩儿电子游戏的成年人中男人比女人多

【68】文中的画线部分"自己"指的是谁?

A 美国成年人　　B 美国十几岁的孩子
C 美国的男人　　D 美国的女人

【69】这段话没有谈到玩儿电子游戏与什么有关?

A 喜欢玩儿电子游戏与年龄　　B 喜欢玩儿电子游戏与时间
C 喜欢玩儿电子游戏与性别　　D 喜欢玩儿电子游戏与学历

【70】下面哪句话可以概括这段话的主要意思?

A 在美国有很多人喜欢玩儿电子游戏　　B 玩儿电子游戏不仅孩子喜欢
C 关于美国人玩儿电子游戏的调查　　D 美国人喜欢玩儿电子游戏的原因

71～74

我们一直很肯定,喜欢美食的人一定会生活得比较快乐,因为仅仅是生活中最简单的一件事——吃饭,都会让他们觉得开心。

我们也一直确定,那些喜欢美食的人,也一定会在每天都创造一切条件来享受美食。当然我们必须要面对的问题就是——午餐。午餐这件事是很难很好地解决的:时间紧——真正吃饭的时间常常只有45分钟;任务重——吃饱和吃好是必须的。同时,吃还是不吃也是个问题。不吃会影响下午工作;吃呢,想想晚上还要吃更好的,又担心吃得太多会长肉。因为这些原因,很多人的午餐都吃不好。有句老话说:早饭要吃好,午饭要吃饱。话虽然老了点儿,却很有道理。我们今天就要和大家讨论一个很重要的话题——上班族的午餐。

【71】喜欢美食的人生活更快乐的原因是:

A 有美食　　B 生活快乐
C 很简单的事也容易让他们开心　　D 快乐是很简单的事

【72】关于晚餐我们可以知道:

A 要吃好　　B 时间紧
C 任务重　　D 有更好吃的

【73】为什么吃不吃午餐是一个问题?

A 因为只有45分钟,时间太紧

B 因为早饭要吃好，午饭要吃饱

C 因为不吃影响晚饭，吃了影响工作

D 因为不吃影响工作，吃了担心长肉

【74】本文的主要意思是：

A 喜欢美食的人　　B 哪种人是快乐的人

C 早餐的问题　　D 午餐的问题

75～80

记者：昨天下午，校长刘新成邀请 50 名普通在校生一起共饮下午茶，您能说说他们谈话的情况吗？

学生部门负责人：这次我们通过下午茶的形式，让学生直面校长，对学校办学、人才培养等各种校务管理提出建议。其实目前在高校中，校长与学生的距离太远(76)，都不知道大家关心什么。虽然北京其他高校也有过校长与学生见面的活动，但要么每年只有一次，要么参与者都是学生干部；形式也多是以圆桌会议为主，校长正襟危坐，学生紧张不已。类似首师大这种下午茶的形式还很少见。

学生一：我是第一个报名的学生，今年大四，现在就业形势__75__，又有金融危机，请问校长对我们有什么建议？

学生二：我是学历史的，学历史，掌握外语也很重要吗？

学生三：学校举办的学术讲座太少，而且宣传不够。

学生四：学生组织的自主权太少，期望能加大学生会的自主权。

……

学生的问题五花八门，刘新成都耐心地予以解答，他还叮嘱学校有关部门对同学们的合理化建议抓紧研究落实，尽快解决。

记者：学生的问题还真是多种多样，你们学校今后还会有这样的活动吗？

学生部门负责人：我校计划每两个月举办一次下午茶活动，通过校园网在全校学生中征集参加者。今后，下午茶活动还将进行网络直播，使不在现场的学生也可以与校长面对面，提出自己关心的问题。

【75】文中__75__处应该填写的词语是：

A 严厉　　B 严峻　　C 严密　　D 严重

【76】替代文中的画线部分“校长与学生的距离太远”最好的一项是：

A 校长站的地方离学生很远

B 校长的办公室与学生的教室距离太远

C 校长与学生不经常接触、交流

D 校长年纪大，学生年纪小，互相不了解

【77】下面哪一项不属于大多数高校“校长和学生见面”活动存在的问题？

A 次数太少　　B 形式严肃，不放松

C 参加者的范围太小　　D 校长太随便

【78】如果给这段文字加一个标题，最好的是：

A　校长应当关心学生的问题

B　学生应该多给校长提合理化建议

C　下午茶——校长了解学生的好方法

D　学生和校长共饮下午茶

【79】有几名学生对校长或者学校提出了要求？

A　4名　　B　3名　　C　2名　　D　不知道

【80】下面的说法正确的是：

A　下午茶是圆桌会议的一种形式

B　不在现场的学生看不到下午茶的情况

C　首师大决定每个月举行两次下午茶活动

D　网络在下午茶的活动中起了很重要的作用

3 · 3 · 3 · 3 · 3 · 3 · 3

三、书面表达

（16 题，45 分钟）

第一部分

（15 题，10 分钟）

一、81～90 题，在每题的语句中有一画横线处，题后有 ABCD 四个答案，其中只有一个可以放入横线处使语句表达通顺。请找出来并在答卷字母上画一横道。

81. 若是夜间要走那条路，________是谁，________得带灯。
   A 因为……所以…… B 只要……就……
   C 无论……都…… D 即使……也……

82. 苏东坡________是黄州自然美的发现者，________是黄州自然美的确定者和构建者。
   A 如果……就…… B 不但……而且……
   C 由于……因此…… D 虽然……但是……

83. 家里没人的时候，爷爷喜欢读书看报，________。
   A 一看就是往往大半天 B 往往一看就是大半天
   C 往往就是一看大半天 D 就是往往一看大半天

84. ________，国产彩电还是胜过进口彩电一些。
   A 从性价比而言 B 对性价比而言
   C 就性价比而言 D 在性价比而言

85. 进了公司后，每一项工作________。
   A 都必须按严格的规定完成 B 都必须以严格的规定完成
   C 都必须从严格的规定完成 D 都必须把严格的规定完成

86. 神七升天，________。
   A 最是我国航空史上具有里程碑意义的事件
   B 是最具有里程碑意义的我国航空史上事件
   C 是我国航空史上最具有里程碑意义的事件
   D 我国航空史上是最具有里程碑意义的事件

87. 奥运会使得英语在中国更加普及了，________。
   A 连 70 岁的老太太都会说英语 B 70 岁的老太太连英语都会说
   C 都连 70 岁的老太太会说英语 D 都 70 岁的老太太连英语会说

3·3·3·3·3·3·3

88. 教室里没有书，没有课本，没有地图册，________。
   A 墙上连一张地图都没有甚至　　B 墙上连一张地图甚至都没有
   C 墙上连一张地图都甚至没有　　D 甚至墙上连一张地图都没有

89. 你溜到哪里去玩儿了？我________！
   A 好找了半天不容易才找到你　　B 找了半天不容易好才找到你
   C 找了半天不容易才好找到你　　D 找了半天好不容易才找到你

90. 今天，网络在这个社会的作用________。
   A 怎么估计也不过分　　B 估计怎么也不过分
   C 怎么也估计不过分　　D 不过分怎么也估计

二、91～95 题，在这一部分里，每题的语句中有 ABCD 四个下画线的词语，去掉其中某一个词语会使句子变成病句。请找出这个不能删去的词语，然后在答卷的字母上画一横道。

91. 要不是为了他，我们至少(A)不至于还(B)延误在山中，四五天追不(C)到前线(D)部队。

92. 年轻(A)女人直视着他，尽管(B)双眼由于尘土的沾染而发红，但(C)却充满(D)了尊严。

93. 俯瞰(A)平滑如镜的湖面倒映着的青翠欲滴的山景，无论(B)何人看(C)了，都会感觉到(D)心醉的。

94. 即使(A)在正常日子里，季先生急促的喘气声，也(B)让别(C)人顿生沉重之(D)感。

95. 步入(A)21 世纪以后，中国人对服装的要求已经(B)不再是(C)御寒，而是一种(D)个性魅力的展现。

第二部分

（作文，35 分钟）

作文要求：

1. 写作前认真阅读作文前提示，按提示要求在规定的时间内写完。
2. 用汉语简化字书写。每个空格写一个汉字，汉字书写要清楚工整；每个标点符号占一个空格，标点符号要正确。
3. 作文中不得出现跟考生有关的校名、地名和真人姓名。

3·3·3·3·3·3·3

作文提示：

在下面的作文中，你将有 35 分钟的时间来写一篇短文。请看清题目，按照给出的话语接着写下去，全篇短文不得少于 350 字（不包括已给出的提示语句）。

我最难忘的一件事

每个人在其生活中都遇到过令自己难忘的事，这样的事情甚至会改变我们的人生，我也如此。

我遇到的这件事发生在

3 • 3 • 3 • 3 • 3 • 3 • 3

MHK

中国少数民族汉语水平等级考试（三级）

笔 试 部 分

模拟试卷（二）

注 意 事 项

一、汉语水平等级考试试卷分为卷Ⅰ和卷Ⅱ两部分：

1. 卷Ⅰ为客观选择题，每题都有四个供选择的答案，要求在答题卡上画出代表正确答案的字母，每题只能画一横道，如［A］［B］▬［D］，多画作废。

   请考生注意：卷Ⅰ使用阅读机阅卷，答案必须用铅笔画在答题卡上，不能写在试卷上。

   卷Ⅰ包括三项内容，共95题：

   （1）听力理解（40题，约30分钟）

   （2）阅读理解（40题，45分钟）

   （3）书面表达（15题，10分钟）

2. 卷Ⅱ为书面表达主观题（作文），35分钟。内容用黑色钢笔或签字笔写在答题卡的方格内。

   全部考试时间约120分钟。

二、注意每部分试题的答题说明，严格按照说明的要求，在规定的时间内回答问题。

三、严格遵守考场规则，听从主监考的指挥。考试结束后，必须把试卷和答题卡放在桌子上，等监考人员收回、清点后，才能离场。

1·1·1·1·1·1·1

一、听力理解

(40题,约30分钟)

第一部分

说明: 1~15题,这部分试题,都是两个人的简短对话,第三个人根据对话提出一个问题,请你在四个书面答案中选出唯一恰当的答案。

例如: 第8题,你听到:

第一个人说:……

第二个人说:……

第三个人问:……

你在试卷上看到四个答案:

A 衬衫　**B** 毛衣　**C** 裤子　**D** 鞋子

第8题唯一恰当的答案是**C**,你应该在答题卡上找到号码8,在字母**C**上画一横道。横道一定要画得粗一些,重一些。

8 [**A**] [**B**] ■ [**D**]

1. A 银行
   B 邮局
   C 超市
   D 商场

2. A 关心弟弟
   B 说了弟弟
   C 淘气了
   D 生气了

3. A 现在
   B 寒假
   C 暑假
   D 长假

4. A 自己不愿意
   B 自己不想做
   C 自己不好做
   D 自己不合适

5. A 头疼
   B 去医院了
   C 吃饭
   D 没起床

6. A 操场
   B 球场
   C 游泳池
   D 健身场

7. A 不想去
   B 没机会
   C 没有名额
   D 去过了

8. A 运动场
   B 健身场
   C 室外球场
   D 室内球场

9. A 买菜
   B 帮老人
   C 学习
   D 一个好人

10. A 高兴
   B 生气
   C 惊讶
   D 惋惜

11. A 工作
   B 逛街
   C 锻炼
   D 休息

12. A 老王的房子
   B 买东西
   C 经验
   D 男的要买房子

13. A 很好
   B 有困难
   C 没意思
   D 想念父母

14. A 120
   B 110
   C 999
   D 119

15. A 电话
   B 电报
   C 网络
   D 通信方式

1·1·1·1·1·1·1

第二部分

说明：16～40 题，在这部分试题中，你将听到几段简要的对话或讲话。每段话之后，你将听到几个问题，请你在四个书面答案中选出唯一恰当的答案。

例如：第 25～27 题，你听到：

第一个人说：……

第二个人说：……

……

第三个人根据这段对话提出 3 个问题：

25. 问：……

你在试卷上看到四个答案：

A 饭馆　**B** 邮局　**C** 商店　**D** 路口

根据对话，第 25 题唯一恰当的答案是 **A**，你应该在答题卡上找到号码 25，在字母 **A** 上画一横道。横道一定要画得粗一些，重一些。

25 ■ [B] [C] [D]

……

你又听到：

27. 问：……

你在试卷上看到四个答案：

A 寄信　**B** 打电话　**C** 取包裹　**D** 买报纸

根据对话，第 27 题唯一恰当的答案是 **D**，你应该在答题卡上找到号码 27，在字母 **D** 上画一横道。横道一定要画得粗一些，重一些。

27 [A] [B] [C] ■

如果是一段讲话，在播放完讲话后，提出几个问题。

16. A 足球
    B 篮球
    C 排球
    D 网球

17. A 工作
    B 休息
    C 看电视
    D 打球

18. A 喜欢
    B 不喜欢
    C 还可以
    D 非常喜欢

19. A 不太喜欢
    B 不喜欢
    C 看不懂
    D 喜欢

20. A 都喜欢
    B 都不喜欢
    C 很多人不喜欢
    D 不知道

21. A 没有时间
    B 听不懂
    C 没机会
    D 不知道

22. A 从小受到熏陶
    B 从小学习京剧
    C 多看小说
    D 多唱京剧

23. A 坐公共汽车
    B 让座
    C 文明现象
    D 排队

24. A 吃饭
    B 看电影
    C 买票
    D 商场付款

25. A 消化系统疾病
    B 呼吸系统疾病
    C 皮肤病
    D 血液疾病

26. A 冰激凌
    B 白开水
    C 水果
    D 甜食

27. A 口腔
    B 面部
    C 头部
    D 四肢

28. A 春天
    B 夏天
    C 秋天
    D 冬天

29. A 交通事故现场
    B 火灾现场
    C 医院
    D 工厂

30. A 老人
    B 妈妈
    C 孩子
    D 都死了

31. A 她太痛苦了
    B 她昏了过去
    C 她的手受伤了
    D 她的手里举着孩子

32. A 母爱是伟大的
    B 坐汽车很危险
    C 救人要先救孩子
    D 遇到危险不要害怕

33. A 老实
    B 不爱说话
    C 调皮
    D 安静

34. A 冬天
    B 秋天
    C 夏天
    D 春天

35. A 当天下午
    B 当天夜里
    C 第二天
    D 第三天

36. A 乖学生
    B 问题学生
    C 经常迟到的学生
    D 很自由的学生

37. A 不好
    B 一般
    C 很好
    D 总是第一

38. A 她忘了这个词的意思
    B 她根本不知道这个词的意思
    C 她忘了这个词怎么写了
    D 因为孩子们都没有过幸福的体验

39. A 失明的孩子
    B 腿有残疾的孩子
    C 手有残疾的孩子
    D 智力有问题的孩子

40. A 两组
    B 三组
    C 四组
    D 没有分组

2·2·2·2·2·2·2

二、阅读理解

（40 题，45 分钟）

说明：41～80 题，每段文字后都有几个问题，每个问题都有 ABCD 四个答案，请阅读后根据每题要求选择唯一恰当的答案，并在答卷相应字母上画一横道。

41

四川省精心挑选了包括水果、茶叶、泡菜等八大类 1000 多个品种 50 余吨货物进京。仅德阳市和什邡市 53 家企业参与推介的就达到了 300 余个系列近千个品种。

【41】文中画线词拼音正确的一个是：

A 挑选(táoxuǎn)　　B 泡菜(pàocài)

C 品种(pǐnzhòng)　　D 推介(duījiè)

42

××百货公司，位于北京市中关村，是北京第一家引进了欧美 off-price 经营模式的商场，这里的商品涵盖各种服装、鞋、运动休闲商品等 300 余种知名品牌，商品大部分是当年年度新款，并向消费者提供不含"水分"的终极价格，全部以 20％～60％的优惠面向顾客。

【42】从这段话中，我们可以知道××百货公司：

A 是北京第一家商场　　B 商品比其他商场都便宜

C 经营模式是最好的　　D 有时会卖旧款式的衣服

43～45

100 年来，《致加西亚的信》一书以不同的方式在全世界广泛__43__，成为有史以来最畅销的书籍之一。2000 年被美国《哈奇森年鉴》和《出版商周刊》评选为有史以来世界最畅销图书第六名。本书所推崇的关于敬业、忠诚、勤奋的思想观念影响了一代又一代人，一个又一个国家。

【43】文中__43__处应该填写的词语是：

A 流传　　B 流动　　C 流行　　D 传说

【44】写这段文字的人对《致加西亚的信》这本书的态度是：

A 希望变得勤奋　　B 觉得这本书写得很好

C 希望有人买这本书　　D 认为这本书卖得不太好

【45】《致加西亚的信》：

A 是一本新出的书　　B 在美国最受欢迎

C 是一本很有教育意义的书　　D 是英国人写的

46～47

很多人会把背老婆大赛当成恶作剧表演：选手们背着自己的老婆跑过 830 英尺的障碍赛。它的奖品也颇(46)为搞笑：胜利者可以得到和自己老婆等重的啤酒。

然而这个比赛的__47__却颇具传奇色彩：在 19 世纪末期，有个叫罗斯沃的土匪在苏卡湖一带招兵买马，为了能招募到最强壮的士兵，他想出了一个办法：士兵们只有扛着女人跑完全程才能入伍。“入伍资格赛”演变至今，就成了背夫人大赛。

【46】可以替换文中的画线部分“颇”的词语是：

A 很　　B 比较　　C 也　　D 有点儿

【47】文中__47__处应该填写的词语是：

A 起初　　B 起源　　C 起码　　D 起义

48～50

从香港市民生活中__48__了一个多月的蒙牛牛奶又回来了。据香港方面的消息__49__，10月下旬，来自蒙牛乳业集团旗下的蒙牛纯牛奶、高钙奶、酸酸乳等一大批深受香港市民喜爱的乳品全线“回归”商场货架，恢复了正常__50__。

【48】文中__48__处应该填写的词语是：

A 消失　　B 消化　　C 消灭　　D 消费

【49】文中__49__处应该填写的词语是：

A 显得　　B 显示　　C 显然　　D 显著

【50】文中__50__处应该填写的词语是：

A 功能　　B 提供　　C 供销　　D 供应

51～52

新世纪的时尚女性普遍会有自己的事业，__51__婚后锦衣玉食，也绝不会放弃自己的工作。她们经济__52__，拥有一份待遇不菲的工作；她们思维敏捷，聪明智慧，努力在事业和爱情中间取得平衡。

【51】文中__51__处应该填写的词语是：

A 即将　　B 随即　　C 即使　　D 立即

【52】文中__52__处应该填写的词语是：

A 独特　　B 独立　　C 独自　　D 单独

53～56

音乐周报，你的音乐之友

音乐周报创办于1979年，是国内创办时间较久的音乐行业大报，也是目前中国音乐界较快捷、信息量较大的音乐纸质媒体。

音乐周报每周一期，周三出版，面向全国及海内外公开__53__，是一张新闻性、专业性并重的音乐专业报。音乐周报的内容涉及音乐要闻、音乐评论、音乐版权、音乐市场、音乐教育、音乐服务等内容，近30年来，它已经成为音乐工作者和音乐爱好者的“当家报”(55)。

本报全年定价：49.80元，全国各地邮局均可订阅。订报热线：010-65170751。

【53】文中__53__处应该填写的词语是：

A 发行　　B 发表　　C 发出　　D 发动

【54】音乐周报：

A 每周三期，周一出版　　B 只能从邮局订阅

C 是国内创办最早的音乐行业报纸　　D 涉及音乐方面的内容比较齐全

【55】文中的画线部分"当家报"的意思是：

A 家庭报纸　　B 主要报纸　　C 男人的报纸　　D 普通报纸

【56】"音乐周报，你的音乐之友"这段文字是：

A 新闻消息　　B 创刊通告　　C 订阅广告　　D 活动计划

57～59

苏格兰的交通枢纽是爱丁堡和格拉斯哥。从湖区北上可以到达格拉斯哥，来自约克方面的交通工具多把目标指向爱丁堡。从伦敦飞往这两座城市的机票价格便宜，可以乘坐飞机，既方便又快捷。和英格兰相比，苏格兰的铁路线路虽然比较少，但是火车准时而且基本上从不停运，按时刻表准时准点运行。在苏格兰，长途巴士也是比较重要的交通工具。但在苏格兰高地这种地广人稀的地方，基本不通巴士，并且周日停运的线路也不少，在这种情况下，租赁汽车可就派上用场(58)了。

【57】关于爱丁堡，下面哪一句的说法不正确？

A 有飞机场　　B 与约克之间的交通很方便

C 是苏格兰的交通枢纽之一　　D 乘坐巴士很方便

【58】文中的画线部分"派上用场"指的是：

A 派汽车到停车场　　B 派出汽车

C 不太方便　　D 有很大的用处

【59】这段话主要讲述了：

A 苏格兰的交通枢纽　　B 苏格兰的地理位置

C 苏格兰和英格兰的区别　　D 苏格兰的交通

60～62

国家大剧院在演出经营上明确提出"三高"定位，即高品位、高水准、高雅艺术。重点经营歌剧、芭蕾、交响乐、话剧、戏曲五大艺术门类，其演出比重高达95%。剧目选择上坚持精品路线，严把艺术质量关，保证参演剧目、曲目的原创性、艺术性、经典性，力争每一台节目都能经得起艺术的考量和市场的＿61＿。截至目前，国家大剧院演出总量超过1000场，日均演出2.8场。参演院团205家，来自46个国家和地区，演员29000人次，已经有超过95万的观众走进大剧院尽情享受人类文明创造的艺术经典。

【60】文中认为国家大剧院做出了什么贡献？

A 将演出范围定为五大艺术门类　　B 注重演出节目的趣味性

C 吸引世界各国的演员来演出　　D 让很多人享受到了经典艺术

【61】文中＿61＿处应该填写的词语是：

A 检讨　　B 检验　　C 检查　　D 试验

【62】这段文字主要概括的是：

A 国家大剧院演出经营的原则　　B 国家大剧院的演出情况

C 国家大剧院演出的种类　　D 国家大剧院的经营状况

2·2·2·2·2·2·2

63～66

通惠河是元代开挖的一条人工河，主要用于漕运(63)，多为官府运粮使用。明代的时候为了方便人们来往于河的两岸，便在通惠河东段修建了两座小桥，东面的为石桥，西面的为木桥，因两桥相距不太远，统称“双桥”。后因东面的石桥附近有普济闸，故改称普济桥，而西侧的木桥一直沿用“双桥”之称。清代时这两座小桥曾多次修缮，民国时也曾改建，到了 20 世纪 70 年代已成危桥。1974 年 8 月双桥被拆除，在其(64)址上新建了一座三空的钢筋混凝土桥，长 60 米，宽 9 米，仍以“双桥”而称。1987 年 5 月普济桥也改建为四孔钢筋混凝土桥，长 75.5 米，宽 12 米，也仍以普济桥而称。它们是通惠河东段南北两岸的重要通道，人来车往。1995 年在京通快速路和双桥路交叉处，也就是双桥的北侧，修建了一座大型立交桥，因紧邻双桥，所以也称双桥，但人们多称其为新双桥。

【63】根据上下文，文中的画线部分“漕运”的意思是：

A　地方的名称　　B　交通工具
C　从水道运输物资　　D　人们来往

【64】文中的画线部分“其”指的是：

A　石桥　　B　木桥　　C　混凝土桥　　D　立交桥

【65】可以做这篇文章标题的一句是：

A　“双桥”名字的由来　　B　“双桥”的变迁
C　“双桥”的数量　　D　“双桥”的作用

【66】从古至今，“双桥”的变化过程正确的是：

A　木桥——普济桥——双桥——钢筋混凝土桥
B　石桥——双桥——钢筋混凝土桥——新双桥
C　木桥——双桥——钢筋混凝土桥
D　普济桥——钢筋混凝土桥——新双桥

67～70

包括哈佛大学、芝加哥大学、哥伦比亚大学等在内的多所美国顶尖名校，将来北京选拔优秀学生于 2009 年前往夏季学院学习一学期，利用暑期阶段，在这些顶尖名校里接受正规的本科课程学习，从近 200 多门大学专业课程中选择自己有兴趣的专业课程，与这些名校的本科学生同堂上课，并通过期末学习考核，获得相应学分。

记者从负责此次遴选工作的美国安生基金会中国代表处了解到，这是美国顶尖大学首次抱团(68)在中国预选优秀学生，为其正式本科段招生培养优秀候选人。入选学生既可以获得、积累大学学分，为今后申请这些顶尖名校做足准备，又有别于游学团或夏令营，被录取的学生将以这些顶尖大学的正式学生身份申请美国留学签证。

北京预计将选拔约 30 名高中在校学生，全国预计将选拔 200 名学生。北京学生的遴选工作目前已经展开，并将于 2009 年 1 月截止报名。

小贴士(70)：

虽然是挑选暑期班人才，但哈佛等高校的选才标准并没有降低。学生必须通过安生学业水平(AST)考试之英文卷，或具备托福 106 分(原 600 分)以上的成绩，加上出色的英文论文、教师推荐信、优异的在校高中成绩和其他证明学生能力的材料。

据悉，美国名校的夏季学院，往往是针对想提前毕业而想在夏季继续学习、多修学分的本校本科生开设的在夏季期间的学期。学习时间从3周到8周不等。学费最少6万元，最多不超过10万元。

【67】下面哪一项不是学生参加夏季学院学习的好处？

A 能够获得顶尖名校的学分 B 为申请名校做准备

C 可以游学，一举两得 D 方便申请美国留学签证

【68】根据上下文，可以替换文中的画线部分“抱团”的一项是：

A 团结 B 集体 C 分别 D 拥抱

【69】这篇文章没有提到的是：

A 夏季学院的学费 B 夏季学院的选拔标准

C 选拔学生的数量 D 夏季学院的课程名称

【70】文中的画线部分“小贴士”是什么意思？

A 提示 B 解释 C 要求 D 条件

71～74

网络语言已成为现代汉语很重要的来源，每年大约有上千个网络新词出现。教育部语言文字信息管理司司长李宇明说，网络语言对社会生活的影响越来越大，以前新词的来源有新创、借方言词语、借古代汉语、借外来语等，如今则多了网络语言这一全新的来源。中国生活监测与研究中心这几年都要从报纸、广播、电视、网络中搜集和鉴别新词。今年的监测结果表明，网络新词最多，其次是报纸，最后是广播电视。今年的网络热词尤其多，从“山寨”到“雷”，从“宅男”到“宅女”，网络热词不断涌入社会生活。“过去新词的产生往往是一个词一个词往外蹦，而今年是一则新闻催生一大簇新词的出炉。”李宇明说。网民们用这些略带戏谑的新词，关注热点事件，同时或多或少地表达着自己的意见。西方媒体歪曲事实的报道，让“做人不能太CNN”风行。贵州瓮安事件引发了“俯卧撑”、“被自杀”等网络新词。影响巨大的奥运会创造了“鸟巢一代”（一些擅长外语、擅长交流的奥运青年志愿者，被外国媒体称为“鸟巢一代”）。金融海啸背景催生了“宅内族”，大家不再像以前一样总出去消费。“过去人们谈到网络语言的时候，更多谈到的是其负面影响。这种语言更多的是像嬉皮士一样玩世不恭，现在人们则更多从积极角度来谈了。”李宇明说。他认为，今年以来，网络语言很活跃，也更大众化，这是社会生活的写照。

尽管网络新词年年有，但还是海量呈现、海量消失、固化的词不多，许多词一年下来好多人还不知道就消失了。专家认为，语言和人体一样有自我更新的机制，好的自然会留下来，不好的会新陈代谢淘汰掉。

【71】下面哪一项不是现代汉语新词的来源？

A 网络语言 B 创造新的词语 C 外来语 D 奥运会

【72】关于新词，说法正确的一项是：

A 广播和电视中会产生新词

B 现代汉语每年大约有上千个新词

C 新词年年有、年年消失

D “鸟巢一代”是中国媒体对中国志愿者的称呼

【73】人们对网络语言的态度：

A 起初的谈论是积极的

B 认为网络语言的重要性已经超过了报纸和广播电视

C 认为网络语言不严肃

D 认为网络语言对社会生活产生了很大的影响

【74】“宅内族”中的“宅内”可能是什么意思？

A 农村的　　B 整天待在家里的　　C 房地产的　　D 旧的

75～80

记者：你是什么时候开始做兼职的？

小田：那是大二上学期，随着交际面的拓宽，自己的花销也在增大，父母每个月给我规定的600元生活费已经不够。当时我也曾想过跟父母提出多加一些生活费用的要求，但思来想去，还是不好意思开口，毕竟600元已经满足了我吃饭与学习等基本费用的需求，增加的费用我必须自己去承担，这样花起钱来，也不会有那么多顾忌。同时，如果兼职挣的钱多，还可以减轻父母的负担。

记者：你的第一份兼职工作是什么？

小田：是家教。下午四点半下课后都要挤一个小时的公交车去给一个高三小孩儿补3小时的课程，一周3次，说实话很累。下午四五点正是下班高峰，很多时候在公交车上都感觉自己成了“肉饼”(76)，每天的睡眠时间也不足6个小时，当时还要准备考英语四级，忙完家教还要复习，再加上既定的课程和社团活动，整个人感觉都分成了几大块，各自被不同的事情占用着。

记者：第一份工作做了多长时间？

小田：只有一个星期，毕竟精力有限，难以持续，我有点厌倦这种忙碌的生活，开始对自己进行重新定位和思考。

记者：你后来做什么了？

小田：大二上学期，我又接了一个在校园里征订《21世纪英文报》的工作，在这个过程中，我学到的最重要的一点就是执著。面对一个困难，只要你不__75__，踏实、执著地干下去，就一定会有收获。

记者：你觉得你做过的所有兼职工作中，对你帮助最大的是哪项工作？

小田：是我在《汽车时代》的兼职经历。在兼职期间，一连几天都是早上8点开始工作，一直到晚上10点才回学校，中间除了吃饭没有任何休息。那项工作每一个人都可以完成，但是关键在于创新。我想，自己做到了这一点，而且，看似很枯燥的工作只要能坚持下来，可以锻炼自己的耐力，这是一笔宝贵的财富。我发现，如果毕业后想直接去找工作，就应该从现在开始，多做一些兼职，对社会有足够的了解，建立一个广泛的人脉关系网，给两年后的工作打下一个良好的基础，但是兼职工作还是要适可而止(79)，稍微挣点儿补贴，其他时间要用在学习上，毕竟真正能在校园里静下来看书学习的岁月很快就结束了。

【75】文中__75__处应该填写的词语是：

A 收缩　　B 退缩　　C 压缩　　D 缩小

【76】替代文中的画线部分"很多时候在公交车上都感觉自己成了'肉饼'"最好的一项是：

A 坐公交车时间很长　　B 坐在公交车上很想吃肉饼

C 为了节省时间，在公交车上吃肉饼　　D 公交车上人很多、很挤

【77】下面哪一项不是小田对做兼职的观点？

A 可以对社会有了解　　B 一定要执著

C 要多花时间做兼职　　D 对以后工作很有好处

【78】如果给这段文字加一个标题，最好的是：

A 大学生应该做兼职吗　　B 什么样的兼职工作好

C 我是什么时候开始做兼职的　　D 兼职工作让我成长

【79】文中的画线部分"适可而止"的意思是：

A 要寻找合适的工作　　B 找到合适的工作就不要换新工作了

C 达到适当的程度就不要再做了　　D 一种适应社会的方法

【80】下面的说法正确的是：

A 小田的父母不给他生活费了，所以他要做兼职

B 小田做家教的时间是每个星期 3 个小时

C 小田在《汽车时代》的兼职工作收获最多

D 大二上学期，小田每天的学习时间是 6 个小时

3 • 3 • 3 • 3 • 3 • 3 • 3

三、书面表达

(16 题,45 分钟)

第一部分

(15 题,10 分钟)

一、81～90 题,在每题的语句中有一画横线处,题后有 ABCD 四个答案,其中只有一个可以放入横线处使语句表达通顺。请找出来并在答卷字母上画一横道。

81. 这姑娘志气高。________终身不嫁,________要找志同道合的。
   A 既……又…… B 宁可……也……
   C 只要……就…… D 不仅……还……

82. ________是谁,刚从熟悉的环境进入陌生的环境时,________要有一个适应的过程。
   A 如果……就…… B 不但……也……
   C 由于……因此…… D 无论……都……

83. ________,名人来访并不是什么大事。
   A 关于这些学生来说 B 为了这些学生来说
   C 根据这些学生来说 D 对于这些学生来说

84. 2001 年的一场意外车祸,________。
   A 夺去了无情地她如船桨般有力的左腿
   B 无情地夺去了她如船桨般有力的左腿
   C 夺去了她无情地如船桨般有力的左腿
   D 夺去了她如船桨般有力的无情的左腿

85. 在精神紧张时,情绪化进食患者________。
   A 往往会吃下过量的食物 B 会往往吃下过量的食物
   C 会吃下往往过量的食物 D 会吃下过量往往的食物

86. ________给我的童年生活带来了欢欣。
   A 这些包裹用牛皮纸寄过来的书 B 这些用牛皮纸包裹寄过来的书
   C 用牛皮纸包裹寄过来的这些书 D 寄过来的这些用牛皮纸包裹书

87. 洞庭湖的夏天就是这样热。没有风,________。
   A 连波光都是灼人烫眼的 B 波光连都是灼人烫眼的
   C 都连波光是灼人烫眼的 D 连灼人烫眼的波光都是

88. 托尔斯泰一向都教导家人自己的生活自己打理，______。

A 自己凡是能干的都要自己动手　　B 凡是自己能干的都要自己动手

C 自己能干的凡是都要自己动手　　D 自己能干的都要凡是自己动手

89. 她演得实在太好了，我从来没有看过______！

A 多么感人的电影　　B 非常感人的电影

C 特别感人的电影　　D 这么感人的电影

90. 国内也能找到很好的工作，为什么______？

A 要非出国不可呢　　B 非出国要不可呢

C 非要出国不可呢　　D 出国非要不可呢

二、91～95 题，在这一部分里，每题的语句中有 ABCD 四个下画线的词语，去掉其中某一个词语会使句子变成病句。请找出这个不能删去的词语，然后在答卷的字母上画一横道。

91. 一到下课，我便倚在栏杆边，欣赏那幅富有诗意的烟雨蒙蒙的图画。
　　A　　B　　C　D

92. 剪纸是中国最普及的民间传统装饰艺术之一，有着悠久的历史。
　　A　　B　　C　　D

93. 对于我的这几位同伴，除了那个小勤务兵以外，其余的三个，就没有一个不使我心烦的。
　　A　　B　　C　　D

94. 巧克力的美味即使不能帮助成年人减轻身体的剧烈疼痛，也可以帮助他们放松紧张情绪。
　　A　　B　　C　　D

95. 在追求品位和档次的同时，怎样体现自己的特殊风采，成为人们关注的重点。
　　A　　B　　C　　D

第二部分

（作文，35 分钟）

作文要求：

1. 写作前认真阅读作文前提示，按提示要求在规定的时间内写完。
2. 用汉语简化字书写。每个空格写一个汉字，汉字书写要清楚工整；每个标点符号占一个空格，标点符号要正确。
3. 作文中不得出现跟考生有关的校名、地名和真人姓名。

3·3·3·3·3·3·3

作文提示：

在下面的作文中，你将有 35 分钟的时间来写一篇短文。请看清题目，按照第二段、第三段所给出的第一句话写下去，使全文内容保持一致，全篇短文不得少于 350 字(不包括已给出的提示语句)。

中国的传统佳节——端午节

农历五月初五是中国的传统佳节——端午节。端午节也叫五月节，关于其由来有很多种说法，其中影响最大的是端午节源于纪念爱国诗人屈原。

屈原是春秋时期楚怀王的大臣，他因为主张举贤授能、联齐抗秦而受到奸臣的排挤，最终被流放到湖南洞庭湖一带。

3·3·3·3·3·3·3

现在的端午节，除了吃粽子外，各地还有自己的习俗，比如

端午节不仅仅是一个传统佳节，更是人们释放亲情的节日。

分项练习

◇ 一、听力理解 ◇

听力理解考试题由两种客观性题型组成，第一部分为15道题，第二部分为25道题，合计40道题，总答题时间约30分钟。

第一部分

【答题指南】

第一部分试题为15道，为提高考生应试能力，帮助考生取得理想成绩，我们在这里编制了105道题供大家练习。

本部分练习题由一男一女的简短对话组成，每句话由一个句子构成，第三个人就对话内容提出一个问题，考生在试卷提供的四个选择项中选择出一个最恰当的答案。

本部分的练习方法：应先按照考试时的正常语速（180 ～ 220字/分钟）的录音听一遍后即在17秒内选择出一个最恰当的答案。然后再不限时间与速度反复去听题目直至完全听懂。这样，考生既可以有实战练习的速度，又可以有针对性地反复练习，学习与理解试题的内容与结构规律。

听录音的技巧是要学会跳跃式练习，一句话不是每个词语都非常关键或重要，不要想说话人的每一个词都应该准确无误地听到，要学会理解说话人的语气、态度以及说话人之间的关系，抓住话语所表达的主要内容，抓住话语中的关键词语进行合理推理与判断。相信大家通过本部分的反复练习会在听力理解能力方面有很大提高。

1. A 不要相信那个人
   B 要相信那个人
   C 也许是个误会
   D 那是个好人

2. A 批评女儿
   B 表扬女儿
   C 辅导女儿
   D 教导女儿

3. A 生气
   B 委屈
   C 高兴
   D 难过

4. A 表演
   B 唱歌
   C 舞蹈
   D 演讲

5. A 园丁
   B 学者
   C 教师
   D 作家

6. A 流行的
   B 传统的
   C 保守的
   D 时尚的

7. A 经济发展
   B 升学问题
   C 学习条件
   D 学历发展

8. A 家庭
   B 网吧
   C 学校
   D 教育部

9. A 惊奇
   B 感叹
   C 无奈
   D 生气

10. A 飞机
    B 火车
    C 汽车
    D 交通工具

11. A 收银员
    B 服务员
    C 乘务员
    D 导购

12. A 同事
    B 同学
    C 师生
    D 朋友

13. A 十一月
    B 十二月
    C 一月
    D 二月

14. A 你快点儿问
    B 我没有时间
    C 好的，可以
    D 我很生气

15. A 字写得小
    B 声音很小
    C 来回走动
    D 考试作弊

16. A 她发现了差别
    B 她没发现差别
    C 她发现了蓝色
    D 她没发现蓝色

17. A 邻居
    B 老人
    C 孩子
    D 陌生人

18. A 男的
    B 女的
    C 都不是
    D 不知道

19. A 看书
    B 看报
    C 看电视
    D 听新闻

20. A 十月
    B 十二月
    C 一月
    D 二月

21. A 孩子很高
    B 孩子很弱
    C 孩子很厉害
    D 女的不同意

22. A 没买到
    B 买到了
    C 很不容易
    D 要排队

23. A 写得好
    B 写得不好
    C 谦虚
    D 很高兴

24. A 不听别人的话
    B 能吃饱饭
    C 听妈妈的话
    D 听别人的意见

25. A 女孩儿是独生子
    B 女孩儿不像独生子
    C 独生子性格好的不太多
    D 不喜欢独生子

26. A 踏实
    B 勤恳
    C 计名利
    D 先进

27. A 赞成
    B 支持
    C 批评
    D 教导

28. A 集合
    B 开会
    C 听课
    D 谈话

29. A 古董
B 小东西
C 废品
D 没有用的东西

30. A 哭了
B 有困难
C 很坚强
D 感动

31. A 不稳定
B 很疼痛
C 在治疗
D 很危险

32. A 联欢
B 不知道
C 交换礼物
D 有意思

33. A 结
B 是
C 字
D 谢

34. A 看电视
B 看化验单
C 看病
D 看杂志

35. A 售票员
B 售货员
C 乘务员
D 顾客

36. A 领导
B 同事
C 父亲
D 丈夫

37. A 电影
B 电视
C 电台
D 电话

38. A 告别
B 没缘
C 白等
D 失恋

39. A 北方人
B 南方人
C 东方人
D 西方人

40. A 没有办法
B 你真可笑
C 告诉你一个好办法
D 离开这个世界

41. A 兴奋
B 激动
C 紧张
D 平静

42. A 汽车站
B 火车站
C 机场
D 码头

43. A 新闻
B 娱乐
C 广告
D 小品

44. A 会
B 不会
C 考虑
D 可能会

45. A 自己
B 女的
C 人类
D 环保

46. A 一天
B 一周
C 一月
D 一年

47. A 惊讶
B 无聊
C 担心
D 无所谓

48. A 夫妻
B 父女
C 母女
D 同事

49. A 学生
B 老师
C 职员
D 科员

50. A 开幕式
B 闭幕式
C 开闭幕式
D 比赛

51. A 体育比赛
B 轮船比赛
C 辩论比赛
D 演讲比赛

52. A 病人
B 医生
C 家属
D 护士

53. A 上午
B 中午
C 下午
D 晚上

54. A 语文
B 数学
C 化学
D 物理

55. A 运动
B 减肥
C 节食
D 考试

56. A 打孩子
B 吓孩子
C 看孩子
D 训孩子

57. A 吃饭
B 请客
C 喝酒
D 娱乐

58. A 语文
B 外语
C 美术
D 数学

59. A 足球
B 篮球
C 排球
D 斗牛

60. A 晴天
B 下雨
C 刮风
D 阴天

61. A 高兴
B 生气
C 可笑
D 伤心

62. A 母亲
B 老师
C 同学
D 岳母

63. A 很好
B 很小气
C 很不错
D 目光短

64. A 她想帮男的
B 她不帮男的
C 她得干别的
D 她轻松了

65. A 批评
B 指责
C 远离
D 安慰

66. A 很合适
B 很便宜
C 很贵
D 没变化

67. A 承包
B 招标
C 中标
D 决议

68. A 告诉了
B 没告诉
C 不知道
D 等一会儿

69. A 小学生
B 中学生
C 高中生
D 大学生

70. A 同事关系
B 朋友关系
C 上下级关系
D 邻里关系

71. A 去
B 不去
C 不应该去
D 不敢去

72. A 很熟练
B 不熟练
C 很高兴
D 很兴奋

73. A 装修
B 买房
C 做窗帘
D 修房子

74. A 聊天儿
B 开会
C 争论
D 指责

75. A 恐怖片
B 爱情片
C 戏剧片
D 动画片

76. A 犯错误了
B 做错事了
C 叫错名字了
D 写错字了

77. A 文化
B 坚强
C 做事
D 经历

78. A 现在
B 马上
C 过几天
D 不知道

79. A 不理他
B 不信他
C 不怕他
D 去见他

80. A 周末
B 周六
C 周日
D 不知道

81. A 自己吃药
B 随便吃药
C 不能吃药
D 安全吃药

82. A 郊外
B 城市
C 游乐场
D 海边

83. A 生产商
B 代理商
C 批发商
D 消费者

84. A 服装
B 车子
C 房子
D 日用品

85. A 维生素
B 脂肪
C 糖分
D 蛋白质

86. A 和蔼
B 摆架子
C 威望高
D 没感觉

87. A 买东西
B 逛庙会
C 做灯笼
D 看灯笼

88. A 晴天
B 阴天
C 雨天
D 雾天

89. A 地砖
B 地毯
C 地板
D 不知道

90. A 不想去
B 想睡觉
C 想出去
D 想爬山

91. A 打电话
B 写信
C 看电视
D 看电影

92. A 去联欢
B 到福利院
C 做义工
D 帮我联系

93. A 一般
B 还可以
C 很好
D 有特色

94. A 取钱
B 存钱
C 换钱
D 借钱

95. A 友好
B 蛮横
C 平和
D 热情

96. A 买服装
B 看服装
C 设计服装
D 做服装

97. A 感慨
B 高兴
C 愤怒
D 怀疑

98. A 真的
B 假的
C 好的
D 贵的

99. A 小说
B 电影
C 电视
D 剧本

100. A 生气
B 责怪
C 愤怒
D 高兴

101. A 交通
B 铁路
C 公路
D 城市

102. A 学生
B 家长
C 老师
D 明星

103. A 不喜欢
B 不在乎
C 遗憾
D 生气

104. A 信鸽
B 鹰
C 狗
D 猴

105. A 家长
B 老师
C 学生
D 工人

第二部分

【答题指南】

第二部分试题为25道，为提高考生应试能力，帮助考生取得理想成绩，我们在这里编制了175道题供大家练习。

本部分练习题也有两种题型，一种为两个人之间的交际对话，每组对话都是由多个句子组成，篇幅约150～200字。第二种为一个人的独白、讲演、新闻广播、一般讲述（故事、见闻、科普知识等），相当于一篇独立的小短文，篇幅为100～400字不等。提问者根据对话或小短文提问，考生在试卷提供的四个选择项中选择出一个最恰当的答案。

本部分的练习方法：应先按照考试时的正常语速（180 ～ 220字/分钟）的录音听一遍后即在17秒内选择出一个最恰当的答案。然后再不限时间与速度反复去听题目直至完全听懂。

本部分主要考查考生在日常交际中对言语信息的把握能力，所以听录音时要注意：首先，边听边了解话语或短文的大致内容；其次，尽量忽略无用信息而捕捉关键信息、关键词语；最后，要注意说话者的语气、态度以及对话中说话人之间的关系。相信大家通过本部分的反复练习会有较大的提高。

106. A 很少
B 经常
C 不上
D 有时

107. A 看新闻
B 看股票
C 看邮件
D 开店

108. A 新闻工作
B 证券工作
C 网络维护
D 电脑维护

109. A 茶
B 咖啡
C 酒
D 都可以

110. A 上班的时候
B 周末休息的时候
C 朋友聚会的时候
D 有应酬的时候

111. A 很大
B 还可以
C 很小
D 不能喝

112. A 伤感情
B 伤肝脏
C 伤脾胃
D 伤神经

113. A 有意思
B 亲戚多
C 气氛好
D 看父母

114. A 没有买到车票
B 开车很自由
C 坐火车太挤
D 让家里人看看车

115. A 高温
B 干旱
C 洪水
D 严寒

116. A 浇田
B 改种
C 人工降雨
D 修田

117. A 变暖
B 变冷
C 变好
D 变差

118. A 坐飞机
B 出差
C 旅游
D 学习

119. A 成都
B 上海
C 北京
D 武汉

120. A 电视上
B 报纸上
C 网站上
D 杂志上

121. A 公司职员
B 空姐
C 教师
D 厨师

122. A 梅花
B 菊花
C 牡丹
D 荷花

123. A 歌曲
B 散文
C 古诗
D 童谣

124. A 吃
B 喝
C 玩
D 乐

125. A 节日
B 节气
C 纪念日
D 节目

126. A 生气
B 不服气
C 羡慕
D 责怪

127. A 丰富
B 复杂
C 简单
D 多样

128. A 吃饭
B 早餐
C 午餐
D 晚餐

129. A 女的
B 男的
C 女的和丈夫
D 女的和孩子

130. A 疑问
B 好奇
C 同情
D 理解

131. A 预防近视
B 锻炼皮肤
C 锻炼呼吸道
D 锻炼消化道

132. A 是的
B 不是的
C 一定
D 不一定

133. A 头一年
B 第一年
C 很多年
D 没几年

134. A 女的
B 男的
C 手机
D 女的和手机

135. A 不喜欢新的
B 没有钱买
C 旧手机很好
D 没必要换

136. A 男的的家
B 女的的家
C 饭店
D 菜店

137. A 男的
B 女的
C 小王
D AA 制

138. A 两个
B 三个
C 四个
D 五个

139. A 不爱吃
B 不想点
C 够吃了
D 等小王

140. A 篮球
B 足球
C 排球
D 网球

141. A 节奏快
B 节奏慢
C 爱打篮球
D 速度快

142. A 小学生
B 中学生
C 高中生
D 大学生

143. A 台式电脑
B 笔记本电脑
C 电脑
D 笔记本

144. A 很自信
B 很谦虚
C 不自信
D 没把握

145. A 五一
B 十一
C 暑假
D 寒假

146. A 自己
B 男的
C 爷爷
D 爷爷奶奶

147. A 很急
B 很慢
C 很坏
D 很差

148. A 没去过
B 看风景
C 散散心
D 看朋友

149. A 男的
B 女的
C 都喜欢
D 都不喜欢

150. A 噪音污染
B 环境污染
C 空气污染
D 引起火灾

151. A 文科
B 理科
C 都喜欢
D 说不好

152. A 发音很难
B 语法很难
C 阅读很难
D 单词难记

153. A 物理
B 化学
C 数学
D 生物

154. A 买衣服
B 买东西
C 过年
D 过节

155. A 很多
B 不多
C 不用
D 不知道

156. A 商品丰富
B 人口多
C 难得买
D 商品少

157. A 现在
B 以前
C 各有特点
D 都不好

158. A 漂亮的
B 好养的
C 珍贵的
D 净化空气的

159. A 绿萝
B 虎皮剑兰
C 月季
D 吊兰

160. A 春季
B 夏季
C 秋季
D 冬季

161. A 东风
B 南风
C 西风
D 北风

162. A 消化道
B 呼吸道
C 内分泌
D 流感

163. A 找到了
B 没找到
C 不确定
D 等消息

164. A 电视
B 网络
C 电台
D 报纸

165. A 新闻
B 师范
C 计算机
D 外语

166. A 等好事
B 碰运气
C 再找找
D 早决定

167. A 写小说
B 看小说
C 研究小说
D 比较小说

168. A 非洲很落后
B 非洲很贫穷
C 非洲很神秘
D 非洲很遥远

169. A 健康节目中心
B 经济节目中心
C 新闻节目中心
D 生活节目中心

170. A 房屋建筑师
B 服装设计师
C 室内设计师
D 园林设计师

171. A 以人为本
B 以房为本
C 服务大众
D 引导消费

172. A 买房
B 看房
C 装房
D 验房

173. A 元宵
B 端午
C 中秋
D 春节

174. A 除夕
B 初一
C 小年
D 初五

175. A 穿戴整齐
B 走亲访友
C 手拿爆竹
D 恭祝发财

176. A 长辈给晚辈
B 晚辈给长辈
C 朋友给朋友
D 同辈给同辈

177. A 鲜艳
B 鲜红
C 墨红
D 淡红

178. A 江苏
B 江西
C 浙江
D 广西

179. A 质地好
B 色泽好
C 数量少
D 形状好

180. A 狮子鸟
B 鸟狮
C 凤鸟
D 凰鸟

181. A 狂风
B 暴风
C 黄风
D 焚风

182. A 四川东部
B 四川南部
C 四川西部
D 四川北部

183. A 高温
B 低温
C 骤高骤低
D 稳步上升

184. A 气温升高
B 季节变换
C 空气流动
D 湿度加大

185. A 中国
B 前苏联
C 俄罗斯
D 德国

186. A 两门
B 三门
C 四门
D 不一定

187. A 一个
B 两个
C 三个
D 四个

188. A 两个小时
B 四个小时
C 半天
D 一天

189. A 输出
B 输送
C 接收
D 放弃

190. A 留学生人数增多
B 留学生素质提高
C 留学生学历提高
D 留学生收入提高

191. A 日语学历证明
B 日语学时证明
C 日语考级证明
D 日语口语证明

192. A 留学人数
B 大学规模
C 日语教学点
D 服务范围

193. A 冷开水
B 凉开水
C 自来水
D 热水

194. A 空气
B 氯气
C 氧气
D 水汽

195. A 维生素 B_1
B 维生素 B_2
C 维生素 B_3
D 维生素 B_4

196. A 降低了
B 沉淀了
C 蒸发了
D 凝固了

197. A 困倦
B 疲乏
C 头昏
D 兴奋

198. A 皮肤组织
B 脑组织
C 肌肉组织
D 神经组织

199. A 注意休息
B 适当运动
C 多吃甜食
D 吃些水果

200. A 清火
B 祛湿
C 滋补
D 催眠

201. A 戒烟
B 戒酒
C 宠物
D 家庭

202. A 走访
B 报纸
C 电话
D 网络

203. A 2%
B 3%
C 20%
D 30%

204. A 美国
B 英国
C 法国
D 德国

205. A 想学艺
B 想成名
C 想爬山
D 有烦恼

206. A 袋子
B 小石头
C 食物
D 书籍

207. A 轻松
B 很累
C 很新鲜
D 很饿

208. A 如果有烦恼就应该去找大师
B 如果有烦恼可以去爬山
C 背着石头爬山很累
D 学会放弃，才能得到

209. A 法国人
B 英国人
C 美国人
D 不清楚

210. A 身材矮小
B 长相英俊
C 乡下口音
D 在福利院长大

211. A 拿破仑
B 拿破仑的儿子
C 拿破仑的孙子
D 爷爷

212. A 长相
B 口音
C 自信
D 自卑

213. A 交通工具
B 乘车让座
C 老人出行
D 工作紧张

214. A 赞成
B 反对
C 无所谓
D 气愤

215. A 喜欢
B 支持
C 无奈
D 无所谓

216. A 个人问题
B 家庭问题
C 社会问题
D 道德问题

217. A 积极影响
B 消极影响
C 片面影响
D 整体影响

218. A 墨西哥
B 澳大利亚
C 美国
D 香港

219. A 道路设施
B 医疗设施
C 基础设施
D 医疗设施

220. A 境外受访者
B 在京境外受访者
C 境内受访者
D 在京境内受访者

221. A 自由管理
B 严格罚款
C 严格监视
D 自觉保护

222. A 5元
B 50元
C 500元
D 没有罚单

223. A 警告处罚
B 劳动处罚
C 名誉处罚
D 家庭处罚

224. A 圆形轮胎
B 带叉轮胎
C 锁轮胎
D 三角内轮胎

225. A 生日礼物
B 新家礼物
C 新婚礼物
D 新生儿礼物

226. A 送出礼物
B 接受礼物
C 准备礼物
D 说明所需礼物

227. A 打电话了解新人需要的物品
B 参观新人的新房
C 在喜帖上写明已经有的物品
D 列出所需物品的单子

228. A 心意
B 创意
C 新鲜
D 温馨

229. A 川藏铁路
B 青藏铁路
C 青海铁路
D 西藏铁路

230. A 植被恢复
B 净化空气
C 增添绿色
D 美化风景

231. A 输送方便
B 节省能源
C 防止污染
D 使用方便

232. A 零排放
B 较少排放
C 较多排放
D 没有统计

233. A 年轻人
B 老人
C 出国的人
D 出差的人

234. A 没有空闲的老人
B 家中人很少的老人
C 子女不在身边的老人
D 孤独的老人

235. A 电话费太贵
B 看不到面貌
C 孩子没有时间
D 打电话不方便

236. A 收发邮件
B 网上聊天儿
C 视频聊天儿
D 网上炒股

237. A 奥运向导
B 分拣垃圾
C 买卖垃圾
D 包装垃圾

238. A 4吨
B 40吨
C 400吨
D 1000吨

239. A 生活垃圾
B 医疗垃圾
C 工业垃圾
D 工厂垃圾

240. A 30%
B 50%
C 70%
D 90%

241. A 蒙古族
B 藏族
C 维吾尔族
D 回族

242. A 生活自由
B 生活兴旺
C 驱走寒冷
D 经受考验

243. A 全羊席
B 奶制食品
C 各种糖果
D 特色小吃

244. A 问年龄
B 问全名
C 问乳名
D 问姓氏

245. A 豪华型
B 普通型
C 通用型
D 经济型

246. A 工薪阶层
B 年轻一代
C 经常出差
D 旅游人士

247. A 外国人
B 中国人
C 中产阶级
D 商旅人士

248. A 最近一两年
B 最近五年
C 最近十年
D 经济危机后

249. A 高考
B 就业
C 毕业
D 薪酬

250. A 2005年毕业生
B 2007年毕业生
C 2008年毕业生
D 2009年毕业生

251. A 民营企业
B 国有企业
C 事业单位
D 非营利组织

252. A 第一
B 第三
C 第五
D 第十

253. A 北京
B 上海
C 酒泉
D 西安

254. A 航空课
B 航天课
C 飞行课
D 制作课

255. A 制作航模
B 航空夏令营
C 与专家交流
D 飞上太空

256. A 北京展览馆
B 北京科技馆
C 北京天文馆
D 北京航天馆

257. A 香港
B 内地
C 广东
D 澳门

258. A 奖学金牌
B 就业牌
C 留学牌
D 深造牌

259. A 香港中文大学
B 香港城市大学
C 香港理工大学
D 香港大学

260. A 学习成绩好
B 普通话优秀
C 熟悉内地市场
D 英语和粤语较熟练

261. A 美国
B 欧洲
C 联合国
D 中国

262. A 68 亿
B 70 亿
C 80 亿
D 90 亿

263. A 发达国家
B 发展中国家
C 落后国家
D 亚洲国家

264. A 人口低龄化
B 人口老龄化
C 增长过快
D 增长过慢

265. A 经济学
B 心理学
C 政治学
D 哲学

266. A 动机
B 兴趣
C 需要
D 精神

267. A 气质
B 性格
C 性情
D 能力

268. A 有个性的人没有好的性格
B 有个性才会让人成功
C 有个性不利于人际交往
D 个性是一个人的心理特征

269. A 春季
B 夏季
C 秋季
D 冬季

270. A 洪涝
B 火灾
C 干旱
D 冰雪

271. A 有
B 没有
C 不知道
D 不确定

272. A 用火
B 野外用火
C 生产用火
D 家庭用火

273. A 胃病
B 肠道病
C 肝病
D 心脏病

274. A 药量小
B 药量大
C 用药新
D 方法新

275. A 无法治疗
B 病情严重
C 药物中毒
D 自己放弃

276. A 对严重的病人不应该给予药物治疗
B 对严重病人要对症下药
C 少而且有效是治病和做其他事情应该遵循的原则
D 国内的治疗方法比较落后

277. A 4 分钟跑完一公里
B 40 分钟跑完一英里
C 4 分钟跑完一英里
D 40 分钟跑完一公里

278. A　骨骼结构
　B　风的阻力
　C　肺活量
　D　营养结构

279. A　实现了
　B　还没有
　C　不可能实现
　D　不清楚

280. A　人们总是想实现一些不可能的目标
　B　人的欲望太多了
　C　只要努力，就会实现目标和理想
　D　人可以实现一切目标

二、阅读理解

【答题指南】

阅读理解考试题为40道，时间为45分钟。为提高考生应试能力，帮助考生取得理想成绩，我们在这里编制了280道题供大家练习。

阅读理解试题形式主要为给出不同内容、不同体裁与题材、不同长度的阅读材料，然后提出一个或几个问题由考生回答，要求考生回答的问题主要涉及语言运用和内容理解两方面。语言应用方面主要为拼音题、词语运用题和词语理解题，涉及汉语语音、词汇、语法、语义和语用各个方面。内容理解方面主要是考查考生对阅读材料涉及的内容的正确理解，考生可以通过阅读材料领会作者的观点、语气、态度与情感，等等。此外，阅读理解试题还要考查考生对阅读材料的阅读理解速度。

本部分的练习应先按照考试要求的正常阅读速度(150 ～ 190字/分钟)快速阅读并在尽可能短的时间内选择出一个最恰当的答案。然后再不限时间与速度反复阅读材料，进一步体会其中的关键性语言点和主要内容。

阅读理解的技巧是要学会快速浏览式阅读，通过快速浏览话语或短文，抓住作者的语气、态度，抓住阅读材料所表达的主要内容，抓住其中的关键信息，并进行合理推理与判断，同时能够推断出阅读材料中隐含的内容。培养这样的能力非一日之功，需要考生日积月累、反复练习与强化。

1

荷兰能出产优良品种奶牛，得益于其得天独厚的自然环境。荷兰拥有大片的平原，水源清澈，空气湿润，牧草肥美，从而形成了天然优良牧场，也造就了传奇的乳牛故乡。

【1】文中画线词拼音正确的一个是：

A　优良(yōuláng)　　B　湿润(shīrùn)

C　从而(cóngěr)　　D　传奇(zhuànqí)

2

“亲子游”强调父母和孩子在旅游过程中实现互动，强化亲子关系，使孩子开阔视野，健康地认知世界，倡导家庭的和谐健康发展，这是国际流行的亲子文化和旅游新趋势。童年是人生的起步阶段，通过“亲子游”，还可以让孩子感受祖国的历史文化，激发孩子的爱国热情。

【2】通过这段文字，我们知道“亲子游”：

A　是一种以前就有的旅游形式　　B　可以增进父母和孩子的感情

C　主要目的是让儿童学习祖国历史　　D　主要目的是让孩子认识世界

3～4

飞机降落在巴厘岛的时候，已经是午夜时分，告别了国内的寒冷，一份湿热迎面扑来。巴厘岛没有冬季，一年只分雨季和非雨季，我们到的这个时候正是巴厘岛的雨季，一行人暗自庆幸，看来不需要涂厚厚的防晒霜了。事实证明，我们的预想是错误的。当早上的阳光洒满房间的时候，我们不禁感叹，原来雨季也有这般明媚的朝阳。据介绍，在巴厘岛的雨季，雨水常常来得羞涩，淅淅沥沥之后便又是艳阳高照，而我们的到来仿佛让雨季里的阳光更加欢快，连续几天都是阳光灿烂。

【3】巴厘岛的气候特点是：

A　阳光一年四季很灿烂　　B　雨季没有太阳

C　晚上经常下雨　　D　属于热带气候

【4】通过这段文字，我们知道巴厘岛：

A 空气比较干燥　　B 不经常下大雨

C 阳光很弱　　D 四季很分明

5～6

__5__冷水浴锻炼的人，遇到寒冷刺激 5 分钟后，皮肤温度可__6__正常；而一般人则需要 10 分钟。

【5】文中__5__处应该填写的词语是：

A 坚持　　B 坚定　　C 坚决　　D 坚强

【6】文中__6__处应该填写的词语是：

A 复杂　　B 恢复　　C 复述　　D 复印

7～9

为保证春运期间售票系统万无一失，今晚 23 时 50 分至次日凌晨 4 时，北京市火车票售票系统暂停工作 4 小时，进行系统__7__。由于在凌晨，对旅客购票影响不大。目前，各个火车票代售点__8__在晚 9 点后就停止营业，只有北京站内的售票窗口是 24 小时__9__的。

【7】文中__7__处应该填写的词语是：

A 保护　　B 思维　　C 维护　　D 维持

【8】文中__8__处应该填写的词语是：

A 基础　　B 基本　　C 本来　　D 从来

【9】文中__9__处应该填写的词语是：

A 开业　　B 开放　　C 开展　　D 开辟

10～11

由于省外流动人口增长较快和__10__进入第四次人口出生高峰期，我国第一经济大省广东 2007 年常住人口已达 9449 万人，首次__11__我国第一人口大省。这是记者 12 月 28 日从广东省发改委获悉的。

【10】文中__10__处应该填写的词语是：

A 提前　　B 提高　　C 提早　　D 提出

【11】文中__11__处应该填写的词语是：

A 成功　　B 成为　　C 成果　　D 成长

12～15

为了更好地在青少年中普及和推广滑雪运动，在中国儿童少年基金会的努力下，日本滑雪联盟部分官员和教练将于 2009 年 1 月 14 日至 21 日在北京石京龙滑雪场进行交流访问。现面向北京高校招募志愿者，具体内容如下：

时间：2009 年 1 月 14 日至 21 日

地点：石京龙滑雪场

食宿：石京龙宾馆

工作内容：日本滑雪联盟官员和教练在石京龙滑雪场交流访问期间，做翻译和接待工作；

报名条件：

(1) 在校学生，品行端正、思想健康；

(2) 身体素质优良，能够适应户外运动；

(3) 日语水平二级以上，口语流利；

(4) 交流访问期间的时间可以保证；

(5) 滑雪技能在中级道以上水平者优先。

其他说明：

(1) 为志愿者统一提供石京龙宾馆食宿；

(2) 提供免费滑雪机会，每人每天补助30元；

(3) 为学生提供中国儿童少年基金会实习证明；

(4) 请将个人简历发送电子版至联系人邮箱。

报名方法：

联系人：石磊　中国儿基会 海外部

电话：65580975　13810031771

邮箱：shileibj319@163.com

【12】中国儿童少年基金会想要招募的人是：

A　滑雪教练　　B　翻译　　C　滑雪爱好者　　D　高校志愿者

【13】如果大部分前来应聘的人条件都一样的话，首先考虑具备什么条件？

A　身体好　　B　喜爱滑雪

C　时间可以保证　　D　滑雪技能在中级道以上水平

【14】志愿者的收获不包括：

A　与日本滑雪联盟部分官员和教练交流　　B　实习的经验

C　免费滑雪　　D　去日本的机会

【15】这是一份：

A　说明书　　B　招聘启事　　C　介绍信　　D　总结

16～18

儿时过年，有几分迫切，有几分不安。迫切的是有好东西吃，可以捡鞭炮放，有新衣服穿，尽管穿新衣的愿望常常落空。我在家排行老三，两个哥哥去年穿的新衣，往往今年会穿在我身上。不安的原因，一般是不知道家里又要来哪些陌生人，热闹到几时才能结束，我跟哥哥们挤在同一张床上要多长时间。我打小就有怕生的毛病，走亲戚和跟人同睡我尤为恐惧。但父母往往是不会__18__一个小孩儿的想法和感受的。

【16】通过这段文字，我们知道作者：

A　很盼望过年　　B　很害怕过年

C　父母很好客　　D　很喜欢家里来客人

【17】通过这段文字，我们可以判断下面哪一项不是过年的习俗？

A　吃好东西　　B　放鞭炮

C　穿新衣服　　D　和陌生人一起睡觉

【18】文中__18__处应该填写的词语是：

A　考虑　　B　考查　　C　考验　　D　考试

19～22

从教育心理学的角度分析，过多的、与学习活动不相关的学习用具会使孩子的注意力__19__。学习用具的新异、独特，会导致学习活动第一环节的失败，即没有信息的输入，或者输入了模糊信息；过多的图案、色彩容易勾起孩子的想象，让孩子联想到信息活动之外的事，使听课变成“白日梦”(20)，导致学习成绩下降；过多的学习用具还会使孩子产生不在乎的心理特点，养成丢三落四、粗心浪费、马大哈的生活习惯。建议家长、老师注意养成孩子良好的学习习惯，尤其是专注、专心的习惯，一旦养成，终身受益。

【19】文中__19__处应该填写的词语是：

A 分散　　B 分开　　C 分别　　D 分布

【20】替代文中的画线部分“使听课变成‘白日梦’”最好的一项是：

A 使白天容易做梦　　B 使听课变成白天
C 使学生做梦　　D 使学生不能认真听课

【21】学习用具过多的坏处是：

A 学习用具新异、独特　　B 容易勾起孩子的想象
C 使孩子产生不在乎的心理　　D 使课很好教

【22】这段文字主要讲的是：

A 如何提高学习成绩　　B 哪种学习用具比较好
C 学习用具决定学习成绩　　D 我们要清理孩子们过多的学习用具

23～26

还没有找到工作的大中专院校和技校毕业生、军人和军嫂们，可以在 8 月 19 日到乌鲁木齐市人民广场去看看，那里将举行“技能岗位对接招聘洽谈会”。届时，乌鲁木齐的 260 家企业，将提供 8000 余个岗位，另外，10 余家培训学校也将参加此次大型招聘洽谈会。

8 月 15 日，记者在乌鲁木齐市劳动和社会保障局了解到，这次招聘洽谈会以技能型岗位为主，具体的岗位信息从 8 月 16 日起在乌鲁木齐市劳动和社会保障网(www. xjwlmq. lss. gov. cn)、乌鲁木齐人事人才网(www. wlmqrc. com)上陆续刊登发布(24)。大中专院校和技校毕业生、复转军人、军嫂可以先浏览上述网站，看看是否有适合自己的岗位。

洽谈会上，乌市劳动和社会保障局、乌市工商局、乌市地税局等相关单位将开展劳动和社会保障政策、小额担保贷款和再就业优惠政策、社会保险等业务政策的咨询活动。

【23】8 月 19 日那天应该到乌鲁木齐市人民广场去看看的人不包括：

A 大中专院校毕业生　　B 技校毕业生
C 军人和军嫂们　　D 老师

【24】文中的画线部分“发布”的意思是：

A 发明　　B 发现　　C 公布　　D 布置

【25】下列说法正确的是：

A 参加此次洽谈会的单位有 260 家
B 想要找工作的人可以在乌鲁木齐市劳动和社会保障网上洽谈
C 洽谈会上将有一部分教师职位
D 参加洽谈会的人可以在洽谈会上得到小额担保贷款

【26】下面哪句话能概括这段话的主要意思？

A 找工作去乌鲁木齐市人民广场　　B 技能岗位对接招聘洽谈会
C 洽谈会上开展政策的咨询活动　　D 乌鲁木齐技能型岗位招聘会 19 日举行

27～29

在接受土耳其电信俱乐部的聘请前，我(郎平)已经开始考虑到意大利或者土耳其俱乐部执教。其中意大利俱乐部实力较为雄厚，球队水平也比较强。不过，该俱乐部希望我能够立即上任，而当时我与美国女排的合约尚未到期。而且意大利联赛的时间比较长，我能自由控制的时间相对较少；同时意大利联赛的水平较高，各俱乐部之间的水平相差不多，执教的压力比较大。因此，到意大利执教的事情就此作罢。

相比较之下，土耳其联赛时间短，且执教难度小，这样一来假期和可支配的时间便充足多了，我能够更好地照顾女儿和父母。现在的生活重心是女儿，女儿 2009 年就要考大学了。这是个关键时期，特别需要我的关系和照顾。我真的希望能够一直陪伴在她的身边。

【27】朗平现在执教的球队是：

A 土耳其电信队　B 意大利俱乐部　C 美国女排　D 德国女排

【28】下面哪一项不是郎平选择执教现在这个球队的原因？

A 意大利队和美国队的工作时间冲突　B 意大利队执教压力比较小

C 有很多自己的时间　D 可以照顾家庭

【29】通过这段文字，我们可以知道郎平：

A 不喜欢水平高的球队　B 现在在美国

C 作为一个教练，不敢迎接挑战　D 很爱自己的女儿

30～34

10 月 9 日是韩国庆祝自己文字系统创立的纪念日，但韩国顶级的教育区表示，他们正在考虑让学生花更多的时间学习中国文字。韩文创立于 600 年前，文字简单优美。系统化的文字提高了韩国境内的识字水平，并提高了韩国人的国民意识。但在韩文出现后的几个世纪之中，韩国人对汉字有一种"又爱又恨"的感情——汉字常常出现在政府文件和典雅诗文中，失望的批评人士称这些汉字令韩国语言失色。韩国文字中大约有 70% 来自汉语。不过，目前韩国已经尽可能地不使用汉字，以发展一个看起来很纯正的韩语系统。韩国还将从政府文件中将古汉字去除，并使汉字在电脑的文字处理程序中难以输入和显示。韩国政府表示，韩语是全世界最为科学的文字系统之一，是国民自豪感的源泉。不过，韩国最具影响力的教育区江南区本月开始推出教育计划，增加了用汉字进行教学的内容，这可能将引起其他教育区的仿效。韩国的教育人士称，这么做的原因是为了让学生能够更好地__33__来自中国和日本的挑战。

【30】关于韩国文字，说法正确的是：

A 韩国文字中的小部分起源于汉语　B 韩国人不喜欢韩文

C 韩国政府想大力维护韩文的地位　D 现在在韩文的政府文件中还常出现汉语

【31】江南区推出汉字教学计划的原因是：

A 汉文起源于汉语

B 韩国和中国有良好的关系

C 很多韩国人喜欢中国文化

D 让韩国人将来能在国际关系中处于有利地位

【32】这段文字没有提到：

A 韩文的创立时间　B 韩国人对韩文的情感

C 韩国人对汉字的态度　D 韩文的创始人

【33】文中__33__处应该填写的词语是：

A 答应　B 应付　C 应对　D 应该

【34】适合做这段文字标题的一项是：

A 韩文的魅力　B 江南区的教育计划

C 韩文面临的挑战　D 学习汉字——韩国的外交策略

35～40

乐途旅游：今天邀请到的是英国旅游局上海首席代表钱岗先生。英国是一个历史悠久、风光迷人的国家，现在我们暂时放下钱先生首代的身份不谈，作为一个普通上海人，您到英国旅游的最大感受是怎样的？

钱　岗：我的感受特别深，我去过很多次英国，每次去，花的时间越长、走的地方越多，越觉得有更多值得体验、探索的。印象最__35__的地方呢，个人来说第一个就是伦敦。

乐途旅游：那么您认为这次旅交会英国最值得推介的是哪些内容？

钱　　岗：我们推广的内容非常多，这一次一共有 17 家公司参会，有旅行社、有景点，然后有各个地区的旅游局，还有酒店、航空公司都来参加这一次旅交会。除了我们本身在 5 号馆有一个英国主题展台以外，有很多英国行业，因为现在市场相对于两年，或者十年以前更成熟了，他们也是独自到中国参加这样的旅交会，就是自己独自搭展台，这也是我们英国市场逐渐在中国走向成熟的一个标志。

乐途旅游：我们中国游客到英国旅游通常都是先落地于伦敦，以伦敦为中点向周边辐射，落地伦敦以后，周边有哪些城市是可以从伦敦出发去转一转玩儿一玩儿的？

钱　　岗：伦敦是个都市，有重要的航空枢纽，一般我们到英国 90% 以上的人都是通过伦敦，然后到英国各个城市的交通都很便捷，它的周边，有牛津、剑桥，等等，这些地方都离伦敦两个钟头的车程，这本身就有很多旅游的体验，有海滨城市，也有传统的大学城，温莎差不多也离伦敦 50 分钟的车程，它是世界上现在使用的最大的城堡。

乐途旅游：今年 29 届奥运会刚刚在北京落幕，由于奥运的推动，我们中国国内旅游业也有一个发展的机遇，4 年后伦敦也要举办奥运会了，英国旅游局面对奥运会对旅游业的拉动这一机遇有何打算？

钱　　岗：首先奥运会是一个非常大的机遇，对伦敦来说也是一个挑战，尤其是北京这么成功地举办奥运会。包括英国旅游局和英国政府都会非常努力地把下一届奥运会办成成功的奥运会。英国旅游局对中国一直是非常重视的，4 年之中对中国的投入会不断增加，对英国旅游局来说是千载难逢(36)的机遇。我们到时候会跟英国政府一起努力，用各种各样和体育相关的主题吸引更多的游客和体育迷、奥运迷。

【35】文中 35 处应该填写的词语是：

A 深刻　　B 深入　　C 深远　　D 深层

【36】文中的画线部分“千载难逢”指的是：

A 非常重要　　B 非常困难　　C 很难做　　D 很难得

【37】下面哪一项不属于这次旅交会英国推广的内容？

A 旅行社和景点　　B 各个地区的旅游局

C 酒店和航空公司　　D 主题展台

【38】文中提到的离伦敦有两个钟头车程的地方中没有：

A 牛津　　B 剑桥　　C 海滨城市　　D 最大的城堡

【39】下面关于伦敦的说法正确的是：

A 伦敦是重要的航空枢纽　　B 到英国 90% 以上的人都不必通过伦敦

C 钱岗最不喜欢的就是伦敦　　D 第 29 届奥运会将在伦敦举行

【40】如果给这段文字加一个标题，最好的是：

A 一个风光迷人的国家——英国简介　　B 旅交会见闻

C 希望大家去英国看看——对钱岗的访谈　　D 英国旅游攻略

41

话剧现在已经不单是传统表演艺术的象征，而是在市场经济大潮中加上了商业标签的文化产品。几年前话剧还没有市场化，中国各地话剧团都存在资金紧缺的问题。近两年来，先锋话剧和贺岁话剧等多元化的话剧形式出现之后，话剧开始不断整合，真正走向百姓生活。

【41】文中画线词拼音正确的一个是：

A 不单(búdàn)　　B 象征(xiàngzēng)

C 资金(cījīn)　　D 整合(zhěnghé)

42

美国马里兰大学的科研人员发现,感到快乐的人每周看电视的时间平均为 19 小时,而感到不快乐的人每周看电视时间平均为 25 小时,这项研究充分考虑了其他一些可能会影响被研究者收看电视的因素,如被研究者的受教育程度、收入、年龄和婚姻状况等。另外,与不快乐的人相比,快乐的人更热衷参加社会活动,但也更喜欢读报。

【42】通过这段文字,我们可以知道,快乐的人:

A 有更多的兴趣爱好　　B 不喜欢看电视

C 平均每个星期看 25 个小时的电视　　D 一般都是结过婚的人

43～44

"骆驼车"首先是个头儿大,前中后 3 节车厢,比中国的大通道公交车长出差不多 50%;其次是嗓门儿粗,柴油发动机加上庞大车身,开起来呼哧带喘;还有就是造型奇特,卡车头,铁皮身,3 节车厢中间低两头高,活像双峰骆驼。"骆驼车"在古巴算得上历史悠久。20 世纪 90 年代,古巴面临严重的经济困难,能源短缺,"骆驼车"应运而生。车头是前苏联、东欧的老爷货,而庞大的车厢则是古巴人自己动手焊的。古巴人对轰鸣的"骆驼车"情有独钟。今年,"骆驼车"就要退出历史舞台了,好多人都抓紧时间最后乘坐一次"骆驼车"。

【43】这段文字没有提到:

A "骆驼车"的大小　　B "骆驼车"名字的由来

C "骆驼车"产生的背景　　D "骆驼车"的价钱

【44】这段文字提到的"骆驼车":

A 是古巴人自己生产的　　B 古巴人对它很有感情

C 是从前苏联进口的　　D 在古巴已经不使用了

45～46

初冬是易患感冒的时节,专家__45__,由于早晚温差大,大家要适当增加衣物,同时__46__预防感冒的有效方法。

【45】文中__45__处应该填写的词语是:

A 提供　　B 提问　　C 提醒　　D 提纲

【46】文中__46__处应该填写的词语是:

A 采纳　　B 采取　　C 采用　　D 采购

47～48

昨天,记者从北京教育考试院获悉,2009 年《北京考试报/北京招生通讯》出版在即,百余所普通高校艺术类专业招生计划将在此公布。

据悉,本次__47__公布的艺术类专业招生计划的普通高校中,既有在京高校,如清华大学美术学院等,也有京外高校,如南开大学等;既有本科院校,也有高职院校。其中,北京院校 50 余所。《招生通讯》还将公布艺术类专业招生报名、确认、专业考试时间以及考试地点等重要信息。《招生通讯》将在近日__48__发放到考生手中。

【47】文中__47__处应该填写的词语是:

A 集合　　B 集会　　C 集体　　D 集中

【48】文中__48__处应该填写的词语是:

A 连续　　B 继续　　C 陆续　　D 持续

49～50

受乌鲁木齐大雾天气影响,乌鲁木齐国际机场百余架次航班备降或取消,6000 余名乘客滞留机场。截至记者发稿时,航班正在逐渐恢复正常。记者从新疆机场集团空中__49__中心获悉,17日晚19时许,由于乌鲁木齐国际机场地面温度较高等原因导致大雾弥漫,机场能见度骤降至50米,航班__50__受到严重影响。

【49】文中__49__处应该填写的词语是:

A 指导 B 指挥 C 指示 D 指责

【50】文中__50__处应该填写的词语是:

A 运行 B 运动 C 进行 D 运用

51～53

招聘兼职旅行社经理助理,工资每日50元起,月收入1200元起。

要求:女性,热爱海外旅行,家庭条件较好,有外国自助旅行经历,有相关工作经验。英语或日、韩语流利。思路清晰,有很强的旅行产品策划能力,有与各供应商、客户的良好沟通能力。(不考虑学生)

工作内容:与经理策划、__51__旅行产品与服务,负责撰写每日工作计划与总结报告。网站策划,广告业务联系等。

工资待遇:基本工资每日结。试用期一个月:每日50元。由于初期为兼职,双方可随时解除雇佣关系。试用期内,含两部分奖金结构:1.结构奖金为每笔业务5%,2.老板鼓励奖,不定。并有随时与同事免费出国旅行机会。试用期过后,具体事项再定。

工作时间:每日最少工作8小时,一周最少工作4天,具体时间可双方协商确定。

工作地点:上海。

应聘办法:发个人详细简历、照片,曾经旅行过的国内、国外线路清单,旅行BLOG、个人网站等供我们参考。

【51】文中__51__处应该填写的词语是:

A 创作 B 制作 C 制订 D 规定

【52】下面关于这一岗位工资待遇说法不正确的是:

A 试用期过后,每天最多50元

B 试用期过后的具体待遇还是未知的

C 业务越多,奖金越多

D 试用期内,基本工资和奖金都有

【53】应聘时不需要提供的材料是:

A 工作计划 B 个人详细简历、照片

C 曾经旅行过的国内、国外线路清单 D 旅行BLOG,个人网站等

54～56

随着7月旺季临近,出境游和国内游相继拉开序幕。记者近日从广州各大旅行社获悉,暑期出境游团队同比大增了三成,线路方面除欧美澳日韩修学游大热外,一些相对冷门的地点也受到年轻人的<u>青睐</u>(54),比如刚刚开通直航的缅甸、神秘的东欧等。同时,国内游也不甘示弱。据了解,近期出发的国内游人数同比至少增长一成,青藏铁路开通一周年使得西部线受到热捧,一些旅行社的西部游人数占到了国内游总数的四至五成,华东北京方向的名校游也受到不少学生青睐。另外,省内游方面,则以漂流、海岛等亲水线路为主。

【54】文中的画线部分"青睐"的意思是:

A 轻视 B 重视 C 喜欢 D 不喜欢

【55】下面哪一项文中没有提到?

A 暑期出境游的情况 B 旅游的热点

C 暑期国内游的主要方向　　D 暑期旅游的费用

【56】一些旅行社的西部游人数增加的原因是：

A 随着7月旺季临近　　B 西部相对冷门

C 青藏铁路开通　　D 以漂流、海岛等亲水线路为主

57～60

诺丁汉大学（1881年创建）是英国一所卓越的大学，教学与研究水平都具有国际声誉。大学的校园位于英格兰的主要城市之一诺丁汉市中心附近，周围环境非常优美。主校园占地330公顷，位于市中心以西；此外另有其他两处校园。有专用的公共汽车穿梭于三处校园之间，为学生和教职员工提供方便。图书馆藏书100多万册，期刊5000余种；图书馆年资料经费支出为平均每位全日制学生40英镑。全日制在校学生13475名左右，男女生比例约为1∶1，本科生约16600名（约1095名来自海外），硕士及以上研究生约3455名。诺丁汉市公路和铁路交通都十分方便，可达英国大部分的工业中心，到伦敦不用两个小时。诺丁汉大学与中国几所大学有合作协议，__57__包括复旦大学与北京大学。

【57】文中__57__处应该填写的词语是：

A 期中　　B 其中　　C 中间　　D 中期

【58】下面哪组数字与钱有关？

A 100　　B 13475　　C 1∶1　　D 40

【59】关于诺丁汉大学说法不正确的是：

A 诺丁汉大学与中国复旦大学有合作协议

B 诺丁汉大学位于英格兰的主要城市之一诺丁汉市中心附近

C 诺丁汉大学共有三处校园

D 诺丁汉大学有硕士研究生约3455名

【60】通过这段文字，我们可以知道诺丁汉：

A 在苏格兰　　B 离伦敦比较近

C 只有诺丁汉一所大学　　D 交通不太发达

61～64

在冬季室外健身要注意什么呢？

一、参加锻炼前要做好准备活动，尤其在进行较剧烈的体育活动时，要用平时两至三倍的时间进行准备活动，这样，能有效防止韧带拉伤和关节受伤。准备活动主要是活动四肢关节和韧带，还可以通过跳跃运动来促进血液循环和身体的柔韧性。

二、要注意__61__冻伤和感冒。室外锻炼时，人体在寒冷的环境中，肌肉关节容易僵硬，血液循环能力降低。因此，刚从室内到室外锻炼时，要戴上帽子和手套，穿厚一点儿的衣服，做做准备活动，等身上暖和后，再脱去厚衣服。锻炼结束时，要做好整理活动，及时穿上衣服，注意保暖。

三、冬季室外锻炼对于人体的体能消耗较大，容易疲劳，锻炼前最好事先定好合适的运动量。心脏病、高血压患者在温度骤降的天气里进行锻炼要特别小心，最好尽量避免剧烈的室外运动，天气条件不好时，进行室内锻炼也同样会取得良好的效果。

【61】文中__61__处应该填写的词语是：

A 预先　　B 预防　　C 预订　　D 预报

【62】进行室外健身时，正确的做法是：

A 穿厚衣服　　B 以跳跃运动为主

C 尽量避免剧烈运动　　D 根据自己的实际情况进行锻炼

【63】下面说法不正确的是：

A　通过跳跃运动可以促进血液循环

B　锻炼结束时，要做好整理活动，及时穿上衣服

C　参加锻炼前要做好准备活动，而且锻炼前最好事先定好合适的运动量

D　室外运动比室内锻炼的效果好

【64】可以做这篇文章标题的一句是：

A　冬季室外健身的好处　　B　冬季室外健身和室内健身

C　冬季室外健身要注意的问题　　D　冬季室外健身要做的事情

65～69

我不喜欢冬天，不为别的，就因为太冷，让我觉得这原本奇妙的世界变得那么僵硬无力，整个世界都木木地闭上了双眼，安静地冬眠。

因为冬天的寒冷，让我觉得我们这个地方的冬景一无是处(66)。“我们这边下雪了，等明早一起来就能看见到处铺满厚厚的雪了!”电话的那头是山西。那里早已大雪纷飞白雪皑皑，虽然确实要寒冷得多，但有价值。而我们这呢，寒风凛冽，又没有可观的景色，这个温度虽说有10℃左右，但对于我们来说，已经足以令人抱怨了——因为我是南方的孩子。

我原本是很喜欢下雨的，因为雨可以形成一段独特的音乐。听着大小不同时的雨拍打着屋檐和窗户的声音，那种感觉很奇妙。但是冬天，不了，我否定了我的观点，我开始厌恶雨天，因为它会使本就寒冷的天气更加的冷。走在湿漉漉的街上我会抱怨和担忧。抱怨天气的不佳和担忧溅起来的泥水弄脏了裤脚，因为冬天的衣物确实很难洗，尽管不是我自己洗，但弄脏后难免会遭到教训。

【65】通过这段文字，我们知道作者：

A　是北方人　　B　冬天喜欢睡觉

C　有山西的亲人或者朋友　　D　认为冬天的景色不好

【66】文中的画线部分“一无是处”的意思是：

A　一个对的地方都没有　　B　没有一个地方好看

C　一点儿也不像风景　　D　没有地方可以去

【67】作者不喜欢冬天的原因不包括：

A　家乡的景色不好　　B　非常冷

C　世界变得没有活力　　D　因为他是孩子

【68】作者对雨的态度，描述正确的是：

A　作者觉得雨拍打窗户的声音像音乐

B　作者以前喜欢下雨，可是现在不喜欢了

C　不喜欢冬天下雨，会让天气更冷

D　不喜欢下雨天，因为父母会教训自己

【69】这段文字主要概括了：

A　作者为什么不喜欢冬天　　B　作者不喜欢下雨的原因

C　作者对雨的情感　　D　作者对冬天的希望

70～75

春节期间，北京的夜晚将再次亮起璀璨灯光。昨天(1月19日)，北京市市政管委下发《2009年春节期间开放城市照明设施的通知》，奥运景观鸟巢的夜景照明将__70__至晚9点。

市政管委相关负责人介绍，春节期间将按重大节日要求开放城市夜景照明，从腊月二十九(1月24日)到初六(1月31日)连续开启8天，开灯时间为17:30至24:00。去年，受雪灾影响，

春节的夜景照明时间调整，每天提前一小时关闭。今年春节恢复常态(71)。为增加新年的节日气氛，今年的夜景照明也由往年的大年三十提前到腊月二十九开放。另外，每天的亮灯时间增加半个小时，由去年的晚6点开启，提前到今年的晚5点半开启。

同时作为奥运景观，春节期间，鸟巢的灯光时间也将有所增加。具体亮灯时间从大年三十17:30开始到21:00结束，并持续到正月十五。在平时，鸟巢的夜景灯光在晚8点就已经结束。

此外，经营方提醒市民，鸟巢从腊月二十九(1月24日)中午12:00到初一中午12:00休整，暂停售票和开放。请市民在此期间不要前往。

【70】文中__70__处应该填写的词语是：

A　延长　　B　延伸　　C　增加　　D　加大

【71】替代文中的画线部分"今年春节恢复常态"最好的一项是：

A　今年春节气温恢复正常　　B　今年春节放假恢复正常

C　今年春节夜景照明恢复正常　　D　今年春节开放时间恢复正常

【72】去年春节的夜景照明时间调整的原因是：

A　有奥运会　　B　受雪灾影响

C　为增加新年的节日气氛　　D　城市照明设施不够

【73】如果想在春节期间去鸟巢，那么在哪天不能去？

A　1月23日　　B　1月25日　　C　1月27日　　D　1月29日

【74】下面的说法不正确的是：

A　2009年春节期间城市照明设施开灯时间比去年早一天

B　2009年春节期间，鸟巢的亮灯时间也将有所增加

C　2009年春节鸟巢的亮灯时间比去年多一天

D　2009年鸟巢的亮灯时间增加一个小时

【75】如果给这段文字加一个标题，最好的是：

A　今年的春节　　B　今年的鸟巢

C　2009让北京更明亮　　D　2009让北京更热闹

76～80

杨　澜：您的父母是做什么工作的呢？

李彦宏：我父母都是工人，我们家是一个非常__76__的家庭，有五个孩子，我是老四，我有三个姐姐、一个妹妹。

杨　澜：有点儿像贾宝玉的感觉，很受宠吧。

李彦宏：对，我从小非常受宠，这种受宠使我自己心里有一定的压力，就是说我就应该比姐姐或者妹妹要好，要更加优秀，所以从小就憋了这么一股劲儿。当然小的时候还是很贪玩儿，所以有时候我妈就说我，说"你有你姐丢的那点儿就不错了"(77)。

杨　澜：你的事业这么成功，你觉得在你父母身上，有这种创业者的某种基因吗？

李彦宏：没有。其实我父母无论对我也好，对我的姐姐妹妹也好，都没有太多的干涉，我就觉得我们家是一个很幸福的家庭，关系都非常好，他们从来不管我，像考大学报什么专业，我自己将来想做什么事情，他们从来也不过问，所以有时候人家问我说，你小时候的理想是什么，我小时候根本就没有理想，我也不想那么多。但是正是这样一种比较轻松、比较自由的环境，使得我真正地能够找到自己喜欢做的事情，去一件一件地把它做下来。

杨　澜：北京大学毕业以后，到美国去读硕士，你为什么没有坚持在纽约州立大学拿到博士学位呢？听说你当时博士生的资格考试都已经通过了。

李彦宏：我后来发现自己的兴趣其实不在于学术研究，工业界的东西做了一段时间之后，马上就

进入实用阶段，你可以看到它可以在很短的时间里影响普通人的生活，这个东西是我真正觉得喜欢的，这是我的激情所在。所以我读了两年半的研究生之后我就决定退学，出来，加入公司来做工程师了。

【76】文中 76 处应该填写的词语是：

A 普通　B 普遍　C 普及　D 科普

【77】文中的画线部分"你有你姐丢的那点儿就不错了"的意思是：

A 李彦宏总是拣姐姐丢的东西

B 李彦宏和姐姐的关系很不错

C 姐姐不如李彦宏，总是丢三落四

D 李彦宏学习姐姐的一点儿长处就会很优秀

【78】李彦宏成功的原因是：

A 从小很受宠

B 家庭有创业的基因

C 很聪明，通过了博士生资格考试

D 轻松自由的家庭环境使得他可以坚持做自己喜欢的事情

【79】通过这段文字，你觉得李彦宏是怎样的一个人？

A 自由、散漫　B 有自己的追求

C 不努力，贪玩儿　D 学习不好

【80】如果给这段文字起一个标题，合适的是：

A 坚持做自己喜欢的事　B 李彦宏的求学经历

C 李彦宏的家庭　D 李彦宏的工作经历

81

中国料理店电话查询多的主要原因是，经济危机让人们捂紧腰包，尽量减少外出就餐和娱乐，主要在家和办公室活动的人增多，这使得出售便宜的炸酱面的中餐馆销售火爆。

【81】文中画线词拼音正确的一个是：

A 查询（cháxún）　B 尽量（jìnliàng）

C 娱乐（wúlè）　D 便宜（biànyí）

82～83

随着就业难的长期持续，韩国不少大学生正面临着"一毕业就失业"的尴尬境地。因此有意通过晚毕业来维持大学生身份的学生正在不断增加。韩国的淑明女子大学表示将率先推出"学士后课程"。申请学士后课程的毕业生们最长可以申请两学期、每学期最多可以听三门课，免收听课费。"学士后"可凭学生证在校内免费使用图书馆、网络教室等设施。

【82】淑明女子大学推出"学士后课程"的背景是：

A 很多学生还留恋大学生活　B 有的学生成绩不好，不能毕业

C 找工作困难，毕业生希望继续当学生　D 让学生更好地提高自己

【83】韩国的毕业生：

A 找工作难已经有很长时间了　B 毕业后还可以在学校呆三个学期

C 可以免费使用母校的图书馆　D 都不愿意毕业

84～85

昨天观象台显示白天最高气温在4℃左右，今天天气明显要冷于昨天。气象专家介绍，由于今天天气阴沉，太阳的辐射增温作用 84 ，因此今天最高气温预计只有1℃，到傍晚和夜间风力将 85 到四到五级。晚间出行的朋友一定要多穿厚衣服，以防感冒。

【84】文中__84__处应该填写的词语是：

A 限制 B 有限 C 无限 D 限度

【85】文中__85__处应该填写的词语是：

A 加工 B 更加 C 加上 D 加大

86～87

枫艾公司拥有一支年轻优秀、富有激情和极具团队精神的队伍，倡导“以人为本”的企业文化，有着优美的办公环境，__86__丰厚的福利待遇，开展多方位的员工__87__。

【86】文中__86__处应该填写的词语是：

A 提纲 B 提醒 C 提出 D 提供

【87】文中__87__处应该填写的词语是：

A 培训 B 培养 C 训练 D 教训

88～90

据了解，2008 年，初中班继续__88__了 5000 人的招生规模；高中班__89__5412 人的招生任务，在 2007 年的基础上扩招 412 人，在校生规模__90__1.75 万人。截至目前，初中班、高中班已分别累计招生 1.9 万人和 2.4 万人。

【88】文中__88__处应该填写的词语是：

A 保卫 B 保管 C 保障 D 保持

【89】文中__89__处应该填写的词语是：

A 完成 B 完全 C 完善 D 完美

【90】文中__90__处应该填写的词语是：

A 到达 B 达到 C 表达 D 发达

91～94

尊敬的客户，您好！

为了改善顾客的购物体验，当当网免运费活动开始了，2008 年 10 月 22 日 10 点起，运费做如下调整：

1. 普通快递送货上门(48 小时之内)：原 30 元以下订单收取 10 元运费，活动期间全免；
2. 普通邮递(3～5 天)：原 30 元以下订单收取 5 元运费，活动期间全免；
3. 北京地区加急快递，活动期间运费不变；其他地区半价；
4. EMS、港澳台、海外的订单运费不变。

当当网客户服务部

2008 年 10 月 22 日

【91】在北京的人如果于 10 月 18 号在当当网购买 25 元的商品，需要支付送货上门运费：

A 0 元 B 10 元 C 25 元 D 35 元

【92】从 10 月 22 日 10 点以后，在北京的人买 20 元的商品选择哪种送货方式又快又省钱？

A 普通快递送货上门 B 普通邮递

C 加急快递 D EMS

【93】从 2008 年 10 月 22 日 10 点以后，价格没有变化的是：

A 普通快递送货上门 B 普通邮递

C 加急快递 D EMS、港澳台、海外的订单

【94】这是一份：

A 活动通知 B 商品广告 C 介绍信 D 工作总结

95～98

春节期间，欢乐谷游乐园将推出“年俗百艺欢乐节”，为游客带来一场百艺盛宴绝活秀。初一至初六，欢乐谷还将推出超值优惠，60岁以上的老人和身高1.2米以下的儿童都可免费入园，其他游客也可分别享受各类优惠。欢乐谷将以“年俗”(95)牌为主打，推出春节节庆活动，将传统与时尚文化有机结合，荟萃南北奇人绝活儿，重现古今民俗百态。活动期间，欢乐谷还将举行盛大的狂欢大巡游、幸运大抽奖以及以家庭为单位的互动竞技游戏，并特别打造了冰雪区，所有入园游客都可以在这里赏冰雪、划冰车、溜冰，体验真正的冬天乐趣。

【95】文中的画线部分“年俗”的意思是：

A　一种牌的名字　　B　一种游戏的名字
C　过春节的时候的一些民俗　　D　过春节的时候玩的一种牌

【96】关于春节节庆活动中下面哪一项文中没有提到？

A　节庆活动的时间　　B　节庆活动的要求
C　节庆活动的地点　　D　节庆活动的内容

【97】初一至初六到北京欢乐谷不需要买票的人是：

A　老人　　B　学生
C　儿童　　D　部分老人和儿童

【98】通过这段文字，我们知道欢乐谷：

A　春节期间有全国各地的民俗活动　　B　常年推出各种优惠活动
C　春节期间会下雪　　D　春节期间有家庭绝活儿展示

99～100

2009年大学毕业生就业洽谈会暨假期勤工俭学招聘会由自治区团委学校部、新疆青年就业服务中心联合新疆农业大学校团委、就业办公室 __99__ ，有120多家用人单位会来到新疆农业大学，提供近800个岗位。据工作人员介绍，此次招聘会在寒假到来之前举行，就是为了及时给在校学生提供一些兼职、实习和就业的机会。有些用人单位还专门设置了适合在校学生假期勤工俭学的促销员等岗位。

“我今年就要毕业了，这次招聘会不仅给了我勤工俭学的机会，而且让我看到了当前的就业形势，对我毕业找工作很有帮助！”新疆农业大学学生马勇对记者说。

【99】文中 __99__ 处应该填写的词语是：

A　举行　　B　举办　　C　举出　　D　举手

【100】下面关于此次招聘会说法正确的是：

A　招聘会举行时学校已经放寒假了　　B　地点是新疆农业大学
C　主要目的是进行就业政策宣传　　D　毕业生觉得此次招聘会作用不大

101～105

人格特质与寿命长短具有 __101__ 性的关系，长寿的人拥有的人格特性包括情绪稳定、生活有条理与节制、处事认真、足智多谋，并且人生态度积极正面。

相反的，较短命的人则是容易生气、情绪不稳、焦躁、忧郁等。据了解，这个研究结果并非首次发现，2003年《身心医学杂志》便刊登过类似研究结果。当时研究指出，具有喜好与他人计较、缺乏耐心、个性急躁等A型性格特质的男性，比起其他型性格的人，身体健康受到影响，较容易导致心脏病发作。

心理学家建议，如果发觉自己是倾向封闭的A型性格，可以寻找外力改善生活方式，如发掘新嗜好，培养散步、打太极拳或瑜伽等慢性运动习惯，寻求灵性生活的寄托，检验自己的职场生活，等等。甚至还可以看心理医生，找寻专业的建议。

【101】文中__101__处应该填写的词语是：

A 固定　　B 一定　　C 决定　　D 肯定

【102】A型性格的特点是：

A 情绪稳定　　B 有心脏病　　C 做事认真　　D 急躁，没有耐心

【103】下面说法正确的是：

A 人们第一次发现人格特质与寿命长短有关系

B A型性格特质的人不喜欢运动

C 经常打太极拳的人会长寿

D A型性格特质的男性较容易心脏病发作

【104】这段文字给我们的启示是：

A 长寿者的人格特性差别很大　　B 应当经常看医学杂志

C 应当学会控制自己的情绪　　D 应当多锻炼身体

【105】这段文字主要概括了：

A A型性格的特点　　B 性格与人的寿命长短的关系

C 《身心医学杂志》的研究成果　　D A型性格特质的男性应该怎样生活

106～110

“我想有个家，一个不需要多大的地方，在我受惊吓的时候才不会害怕”，这是打工多年的王力最喜欢唱的歌，有一个属于自己的家也是他__106__以来最大的心愿。

1月17日是个星期六，忙碌了整整一周的王力连衣服都没有换就直奔房交会，穿梭在各家楼盘展厅中的他一脸兴奋。他说：“这几年都是租房子住，总也找不到家的感觉，房价又一个劲儿地涨，对于月薪只有一千多元的我来说，买房成了一种奢望，昨天听同事说，房交会上有很多楼盘都在搞促销活动，我就心动(107)了。”

在各展厅里王力细心地比较着价格、地段，曾经的女朋友因为自己没有房子离开了，现在他终于可以选择一个属于自己的家了，他说：“我选了一个价格较低的楼盘，虽然离上班的地方要远一些，上下班要辛苦许多，可是心里很甜，以我现在的收入一次性付清房款不太可能，我选择按揭，这样会轻松很多。”最后，王力神秘地说，现在的女朋友很漂亮，他们打算今年就结婚。

【106】文中__106__处应该填写的词语是：

A 长远　　B 长久　　C 常常　　D 经常

【107】文中的画线部分“心动”的意思是：

A 心在跳动　　B 很想做一件事情

C 想法改变了　　D 心里很激动

【108】王力为什么想有自己的房子？

A 房价不停地涨

B 好多楼盘在搞促销活动

C 他的工作是卖房子，可以买到便宜的房子

D 有自己的房子才有家的感觉

【109】下面关于王力说法正确的是：

A 他和第一个女朋友分手的原因是房子问题

B 现在的女朋友比以前的漂亮

C 他最近特别想买房子是因为有了很多钱

D 他看中的楼盘非常完美

【110】可以做这篇文章标题的一句是：

A 房交会实录　　B 王力和两个女朋友的故事
C 我想有个家　　D 我想结婚

111～114

近日，在万里学院的"励志访谈录"现场，一名贫困女大学生张虹的事迹感动了现场所有的人。

张虹的老家在丽水的一个小山村里，从小家境贫寒。高中三年，她平均每天只花一元钱。早饭，买两毛钱一个的馒头吃，吃完早饭后，她又会买上三四个馒头，用塑料袋包起来放在被窝里，中饭和晚饭又是馒头就着辣酱吃。在那样艰苦的环境里，张虹始终有一个信念：一定要上大学。

高考后，张虹如愿考上了万里学院艺术设计与建筑学院。但是面对昂贵的学费，一家人都沉默了。父母最终表示即便倾家荡产，也要让张虹上大学。看着父母无奈的表情，张虹毅然做出外出打工赚钱的决定，不管能赚多少，她都要为自己的大学梦努力奋斗。张虹最终在一家美食城找到了当服务员的工作。暑假很快过去了，张虹一共赚了 1100 元，她几乎没有花掉一分钱。就这样，张虹带着亲朋好友拼凑的学费和自己打工赚的 1000 多元钱来到了宁波。

【111】张虹的高中三年：
A 在外地上学　　B 经常坐在被窝里读书
C 生活非常艰苦　　D 是在宁波读的

【112】为什么张虹考上大学后家人都沉默了？
A 父母觉得女孩儿上学没有用　　B 父母觉得学费太贵了
C 父母觉得大学离家太远了　　D 父母觉得和张虹见面的时间太短了

【113】张虹打工的原因是：
A 父母不愿意给自己学费　　B 她想体验生活
C 为自己上大学赚学费　　D 打工是她的一个梦

【114】通过这段文字，我们可以知道，大家对张虹的评论是：
A 很高兴　B 很佩服　C 很不相信　D 很不理解

115～120

中国青年报："中国发展指数"自 2007 年初首次发布至今，您都是项目组主要成员。您在 2005 年到 2006 年间任国家统计局人口和社会科技统计司副司长时，也在做 ___115___ 的工作。几年下来有什么感受？

彭　非：这个工作是我们的一个梦想——我们希望社会协调发展，贫富差距小一点儿，环境保护好一点儿。中国的经济发展太快了，其间付出的代价不言而喻，<u>很多也是不可逆转的</u>(116)，比如在城市建设中，对城市原有风貌的破坏。

中国青年报：2006 年的发展指数里有一个城乡居民消费比指标，城乡居民消费比超过 350%，就是说城镇居民的消费水平比乡村居民的高三倍以上，西藏、重庆、贵州、云南、甘肃、陕西都是这样的情况，它们都是西部城市，对此您怎么看？

彭　非：其实很正常，越是落后地区，城乡二元特征越明显。北京、上海的城乡差别就很小，欧洲有些国家城乡根本就没有差别。

中国青年报：这两年呢？西部的城乡差距在缩小吗？

彭　非：从指标上看没有缩小，现阶段西部城乡差距还在进一步拉大。比如重庆，市区发展非常快，市区以外的农村却很落后。西部大部分地区都存在类似的问题。庆幸的是，党和国家领导人对此都已高度重视，在不断出台各种强有力的措施，所以我对中国消除贫富差距很有信心。

中国青年报：有没有哪个地区的发展指数让您感到意外的？

彭　　非：吉林、辽宁的总指数几年来都很靠前，这一点让我感到意外。不过想想也正常。吉林和辽宁因为历史原因，全省铁路很发达，交通便利，再加上是老工业基地，工业发达，人们受教育程度普遍较高。尤其前几年政策开始向东北倾斜，所以发展指数上来了。

【115】文中__115__处应该填写的词语是：

A 分类　　B 类似　　C 好像　　D 类别

【116】替代文中的画线部分"很多也是不可逆转的"最好的一项是：

A 很多事情不可能逆着做　　B 很多事情不可能逆时针转

C 很多事情不可能改变　　D 很多事情不可能发生

【117】文中认为落后地区的特点是：

A 贫富差距小　　B 对城市原有风貌的破坏比较大

C 城乡差距在缩小　　D 城镇居民的消费水平比乡村居民高

【118】通过这段文字，你觉得作者：

A 对经济发展情况非常担忧　　B 不太关心吉林、辽宁的发展情况

C 对中国消除贫富差距很有信心　　D 不太了解我国的情况

【119】下面关于吉林、辽宁的总指数几年来都很靠前的原因表述不正确的是：

A 全省交通便利　　B 工业发达

C 外国投资增多　　D 前几年国家政策开始照顾东北地区

【120】如果给这段文字加一个标题，最好的是：

A 关于中国的发展指数的几个问题　　B 中国经济的发展情况

C 东北工业区焕发青春　　D 西部城乡差距加大

121

"5.12"大地震发生之后，不仅是中国的企业和居民，众多跨国公司也投身到了救灾的行列中，对救灾表现出了巨大的积极性。其实，面对重大事件时的表现，也是消费者衡量一个企业社会责任的重要指标。

【121】文中画线词拼音正确的一个是：

A 众多(zhòngduō)　　B 行列(xínglìè)

C 积极(jíjī)　　D 指标(zhǐbiǎo)

122

"节日综合征"越来越多地发生在儿童的身上，形成"儿童节日综合征"。据调查，成年人的心理状态会对儿童形成感染。节假日期间许多家庭会增加家庭聚会和拜访亲友的数量，增多户外活动，导致儿童暴饮暴食机会增多，作息时间很不规律。这些负面影响会给儿童生理和心理状态带来压力，导致过年过节的时候，医院腹泻、发烧、感冒的幼儿数量大幅度上升。

【122】节假日期间，儿童：

A 增加户外活动有助于身体健康　　B 生病的比平时多

C 被成人的疾病传染　　D 睡觉、玩耍的时间跟平时一样

123～126

在每个人的生活中，70%～80%的时间都会存在心理不健康的状态，80%以上的人会经常出现心理困扰。这些数据背后，应该是一个庞大的心理咨询市场。然而，与上面这些数字相对应的却是另一番景象，心理诊室目前的经营情况并不乐观，大部分都是门庭冷落，来访者寥寥。究其原因，还是社会观念的__123__导致了心理咨询市场供需错位。大多数人在遇到焦躁、抑郁时习惯憋在心里，很少有人去看心理医生。去看心理医生的人，往往被人侧目视之，甚至还会把

它与精神分裂等字眼儿联系起来。其实，这是大众对心理咨询的误解。

【123】文中 123 处应该填写的词语是：

A 后悔　　B 后果　　C 后退　　D 落后

【124】现代人的心理状态是：

A 少数人有各种心理问题　　B 大多数人有精神病

C 认为有心理问题时不用看医生　　D 有心理问题时不好意思看医生

【125】心理诊室目前的经营情况不好的原因是：

A 大家的心理都很正常　　B 大家不喜欢心理医生

C 看心理医生很贵　　D 怕被别人认为是精神分裂

【126】作者认为，心理咨询：

A 没有必要存在　　B 是给精神分裂的人治病

C 是很正常的一件事情　　D 没有发展前途

127～128

位于地中海区域的西班牙，其菜肴风格深受犹太人和摩尔人的影响， 127 地中海和东方烹饪的精华，受到广泛欢迎。一些 128 丰富的水果、蔬菜也是西班牙人饮食结构中的重要组成部分。

【127】文中 127 处应该填写的词语是：

A 融合　　B 合成　　C 合法　　D 合作

【128】文中 128 处应该填写的词语是：

A 营养　　B 养成　　C 养料　　D 养育

129～130

2009 年劳动力供大于求的矛盾将进一步加剧，届时需要 129 就业的人数达 2400 万人。这 2400 万人中的一增一失，是就业两大难题来源。一增指的是，1300 万全国城镇新增劳动力，一失即 800 万下岗失业人员，这两大群体 130 了 2009 年就业工作的主要部分。

【129】文中 129 处应该填写的词语是：

A 安装　　B 安全　　C 安定　　D 安排

【130】文中 130 处应该填写的词语是：

A 成立　　B 赞成　　C 完成　　D 构成

131～132

中国每年都要 131 大量的塑料购物袋。但是，塑料购物袋在为消费者提供便利的同时，也造成了严重的能源资源浪费和环境污染。尤其是容易破损的超薄塑料购物袋，大多被随意丢弃，成为“白色污染”的主要 132 。

【131】文中 131 处应该填写的词语是：

A 消化　　B 消耗　　C 消灭　　D 消除

【132】文中 132 处应该填写的词语是：

A 来客　　B 来宾　　C 来回　　D 来源

133～135

简单生活的快乐法则

经济危机拉开了一个崭新时代的序幕，其关键词就是：简单而快乐着。让我们追求简单快乐的“高性价比”生活吧！

选择一：租生活

租房、租车，还可以租首饰、租衣服。你可以通过互联网或类似机构，以租赁或交换的方式暂时拥有一件物品，高额的价格由此被低廉的租金所代替。

选择二：拼生活

拼车、拼房、拼餐、拼游、拼卡……“拼客”成了时尚的常用词。2008年，拼婚这一“集体婚礼”的升级词汇，成为新婚一族的省钱妙招，人多热闹不说，几位新娘共享婚礼用品，最多可以节约几万元。

选择三：淘生活

网店、旧货市场、典当行……无处不显现着“淘宝族”的身影。同样的衣服，网上比商场便宜40%；同样的家具，旧货市场比家具城便宜一半。淘生活，不仅降低了生活成本，还带来了乐趣。

选择四：DIY(134)生活

自己做饭代替下馆子，自己打扫房间代替请保姆，自己动手最光荣成了不少时尚青年的选择。

怎么样？我们的省钱妙招多吧！如果你有更好的主意，请拿出来与大家分享，家园网恭候大家的光临！

【133】这四种选择的共同点是：

A 时尚　　B 简单　　C 省钱　　D 快乐

【134】文中的画线部分“DIY”的意思是：

A 省钱　　B 自己做事情，不用别人帮忙

C 自己做饭　　D 在家工作、购物

【135】这是一段：

A 招聘广告　　B 新闻消息　　C 征稿通知　　D 意见建议

136～137

如果要选出一生中最重要的两个字，你会有什么选择？有人选“美貌”，有人选“财富”，有人选“健康”，也有人选“生命”和“自由”。有了美貌、财富、生命、自由和健康，但是上天给你的时间太短，也是没用的。我们都受制于时间。年少时候，你总希望日子过得更快一些。年长之后，你惊讶时间竟然过得那么快，要留也留不住。你本来可以把一件事情做得更好，但时间不够了。人的遗憾总是：“如果我有多一点儿的时间……”。

【136】关于一生中最重要的两个字，文中没有提到的是：

A 健康　　B 自由　　C 财富　　D 家庭

【137】作者认为，人生最重要的两个字是：

A 生命　　B 青春　　C 时间　　D 没有工作

138～141

坐在记者面前的杨澜看上去比平时略显清瘦，眼神中有一丝疲惫，但交谈中，她的双眼始终闪烁着明亮的光芒，谈起慈善事业，她的话语间更有一份巨大的热情和清醒的理性在其中。她告诉记者，慈善不仅仅是一种感动、意愿或情怀，更是一种需要学习和培养的能力。作为媒体，不应仅仅__138__于办晚会、搞活动，而应该真正学习和理解公益慈善，科学地、可持续地关注和报道公益慈善事业。作为一名资深传媒人士和阳光文化基金会董事局主席，杨澜积极投身于慈善公益事业，取得广为人知的成效。除了坚守着自己那份难以割舍的电视情结之外，慈善事业已经占据了杨澜大多数的时间。她说，自己最大的愿望就是在中国建立一种人文慈善的理念，让社会慈善大行其道。

【138】文中__138__处应该填写的词语是：

A 满足　　B 自足　　C 满意　　D 圆满

【139】通过这段文字，我们可以知道杨澜：

A 是一名很喜欢电视的观众　　B 是一名老师

C 是阳光文化基金会董事局主席　　D 没有工作

【140】杨澜认为：

A 媒体应当多搞晚会和活动支持慈善事业

B 媒体应该真正深入、持续地关注支持慈善事业

C 大家应该多看电视

D 大家应该把主要时间用来做慈善

【141】可以做这篇文章标题的一句是：

A 杨澜的事业　　B 媒体的责任

C 杨澜的慈善愿望　　D 杨澜的工作

142～145

寒假正式开始，大连市青少年宫图书馆的上座率超过九成，图书馆内图书种类繁多，可惜的是，记者在其中转了几圈发现，很少有学生是专门来看书的。一张张桌子上摊着的都是各式寒假作业，学生或者小声讨论问题，或者奋笔疾书。拥有这么好的资源，为什么只来写作业，而不看书？记者向正专心学习的几名同学提问。“先把作业写完了再说！”“我妈不让我来看闲书，还布置了一堆课外题，没有时间看别的！”“我对课外书没有兴趣，考试也不考这些东西！”……

二楼有一个网络区域，整个上午，不时有学生踱步到网络区域，等着上网。“这老师怎么还不过来？一上午没上网心里特别痒痒！”一名高中男生小声嘟囔。和楼下一排排书架前的空无一人相比，想上网的学生还真不少——看来，伴着网络一起成长起来的这一代孩子，不爱看书爱上网，成为<u>　143　</u>特点。

【142】寒假的时候去大连市青少年宫图书馆的孩子：

A 不少　　B 很少　　C 比较多　　D 非常多

【143】文中<u>　143　</u>处应该填写的词语是：

A 普通　　B 普遍　　C 通常　　D 普及

【144】孩子们在青少年宫图书馆只写作业，而不看书的原因中不包括：

A 作业多　　B 妈妈不让看　　C 图书种类太少　　D 考试不考

【145】作者认为现在孩子的特点是：

A 只喜欢写作业而不喜欢看书

B 只喜欢上网而不喜欢看书

C 只喜欢去图书馆而不喜欢在家

D 只喜欢写作业而不喜欢课外书

146～149

长期在外国生活的香港人跟本地的香港人有一个区别，是他们爱把自己和家人的照片送给亲戚朋友。在香港生活，亲朋之间很少互相馈赠照片。把自己的照片送给朋友，如果他是异性，很可能误会<u>你对他有意思</u>(146)。大家同性，又怕他以为你自恋。在外国，完全没有这种顾虑。那年去美国，表哥和舅母要我送一张照片给他们，我身上只有一张证件照片，也就给了他们，他们兴致勃勃地放在相簿里。这么多年来，长居外国的表哥，每次都会把新生孩子的照片寄来给我，孩子长大了，他们又寄一些生活照片来。移民到外国的朋友，偶尔也把他们的个人照片寄来打招呼，让我知道他们的近况。有些在外地、素未谋面的读者，来信上也附上个人或者自己跟家人、朋友、宠物的合照，看到他们的样子，感觉很温馨，距离也拉近了。本来应该把自己的照片寄给他们作为回报，但是我长大和生活的这个地方，不流行也不习惯用这个方法来表达感情，要鼓

起勇气突破这种心理障碍，毕竟太难。

【146】文中的画线部分"你对他有意思"的意思是：

A 你觉得他有意思　　B 你对他很好

C 你喜欢他　　D 你觉得他很有想法

【147】通过这篇文章，我们知道作者是：

A 长期在外国生活的香港人　　B 是一个外国人

C 是一个摄影师　　D 是一个作家

【148】作者对互相馈赠照片的态度是：

A 不喜欢送给别人照片　　B 想送可是没有勇气

C 不喜欢接受别人的照片　　D 只喜欢收亲人的照片

【149】通过这段文字，我们知道互赠照片的作用不包括：

A 拉近与陌生人的距离　　B 知道亲人朋友情况

C 增加感情　　D 提高摄影水平

150～153

根据新疆人才市场的初步统计，营销、财务和文秘依旧排在用工需求的前三位，工程技术类的需求比往年有了较大增长，相对而言，对财务人员的需求与往年相比有了较大的下降。交谈中，尹志刚告诉记者这样一件事，许多来自北京、浙江的招聘单位反映，新疆的孩子还是有些"胆小"。他们在内地招聘时，营销职位前经常挤满了应聘者，求职者看重的是这份工作的挑战性以及优厚的销售提成，但是在新疆却很少有人问津，许多人只有在多处碰壁后，才想到干营销。

鲜明的反差(151)，折射出就业观念的不同。对于许多本地的应聘者来说，求职时依然求稳，想干专业，想找一个稳定的单位，缺乏闯劲儿和吃苦精神。尹志刚认为，这也和家庭的教育有关，现在的孩子都是独生子，许多父母认为，就是毕业后一年不就业，家里也可以承受，不必着急非要立即工作，要找就一定要找到一份理想的工作。

一家来自内地企业的招聘人员则认为，对于大中专毕业生来说，还是应该现实一些，如果没有合适的机会，不妨先就业再择业。营销是非常锻炼人的行业，即使今后从事所学的专业，如果有了一年半载营销工作的经历，也一定会对将来的发展大有好处。

【150】通过这篇文章，我们知道新疆人才市场最需要的人才是：

A 工程技术类　B 财务类　C 营销类　D 文秘类

【151】文中的画线部分"鲜明的反差"的意思是：

A 很新鲜的差别　　B 很明显的差别

C 很明亮的差别　　D 很明白的差别

【152】哪种人"胆大"？

A 财务人员　B 内地的应聘者　C 新疆的孩子　D 求职者

【153】作者认为：

A 先就业再择业对将来的发展也不错

B 很多内地孩子太保守

C 要找就一定要找到一份理想的工作

D 营销是最适合大学生做的工作

154～160

记　者：桑夏你好！听说前不久你在华东师范大学心理系老师的指导下完成了一项调研，就是对你们学校 321 名初中学生进行了压力源、生命观和幸福感的问卷调查，你能谈谈调查的结果吗？

桑　夏：结果让我很惊讶。近六成学生认为___154___同学自杀的主要原因可能是由于学习压力过大、分不清现实与虚拟和长辈期望过高。现在不少同学都是"草莓族"(155)，即表面上坚强，其实内心很脆弱，急需家长和学校的引导。所以我想以学生的身份去调查同龄人对生命的真实想法。"崇拜偶像、和父母闹矛盾、成绩不够理想，一些人在现实中遇到不开心就去玩儿网游，在游戏中寻求安慰。"许多人在虚拟世界中更容易建立良好的社会关系，拥有自己的好友圈，长期沉迷于此，就会分不清现实与虚拟，所以在现实生活中可以大胆玩儿"死亡"游戏，认为会像网络游戏中一样"复活"。此外，部分同学认为，父母长辈们总是把意志强加给自己，对自己要求过高，自己稍一出错或达不到目标，就会遭致批评或责骂。

单医生：中小学生心理各方面发育还不完善，还分不清事非，需要家长和学校的引导。

徐老师：问卷反映了青少年自己对生命的关注。这份问卷反映了初中学生们的主观感受是学习压力大，但真正的原因却是考试造成的评比导致的心理压力大。处于青春期的青少年，需要自我认同感，而这种认同感是通过他人评价来获得的。成绩好坏、与伙伴关系的好坏直接影响着自己的认可度。由于通过学业没有获得认可或是人际受挫也会去网络上寻求被认可的价值感，容易产生网瘾，去虚拟世界寻找成就感。

【154】文中___154___处应该填写的词语是：

A 造成　　B 成立　　C 变成　　D 成为

【155】文中的画线部分"草莓族"指的是：

A 青少年学生　　B 爱吃草莓的人

C 喜欢上网的人　　D 表面坚强内心脆弱的人

【156】下面哪一项不是很多学生喜欢上网玩儿游戏的原因？

A 崇拜偶像　　B 打发时间　　C 成绩不好　　D 在现实中不开心

【157】文中认为引发青少年学生自杀的重要原因是：

A 沉迷于网络游戏　　B 学校没有正确的引导

C 崇拜偶像　　D 学习压力过大

【158】通过这段文字，你认为对青少年不应该：

A 提过高的要求　　B 尊重他们个人的意志

C 学会原谅他们的错误　　D 给以正确的引导

【159】这个调查的主要目的是什么？

A 调查青少年学生对生命观的真实想法

B 调查青少年学生对未来的设想

C 调查青少年学生的困惑

D 调查青少年学生自杀的原因

【160】如果给这段文字加一个标题，最好的是：

A 一个中学生的调查

B 应该给学生心理减压——一项调查给我们的启示

C 现代中学生的想法

D 一项令人吃惊的问卷调查

161

由于地下水过量开采和大型建筑物群增加的地面负载，根据海平面预测模型的预测结果，预计未来十年，我国沿海海平面将比 2007 年上升 32 毫米。

【161】文中画线词拼音正确的一个是：

A 开采(kāichǎi) B 负载(fùzài)
C 模型(múxíng) D 上升(shàngshēn)

162

楼兰古城遗址位于新疆罗布泊西岸,西北距库尔勒市350千米,西南距若羌县城330千米。2000多年前,塔里木河与孔雀河由西向东流出沙漠,经过楼兰城注入罗布泊。那时,这里的河流两岸水草丰美,田地肥沃,楼兰城成为汉代张骞出使西域开通的丝绸之路两条路线的必经之地。而到了公元400年,这里已经人烟罕至了。至此,楼兰古城在历史舞台上就悄然消失了。有关楼兰古城消失原因的研究一直在进行,但至今还没有得到真实确切的原因。

【162】从这段话中我们可以知道楼兰古城:
A 位于中国的东部 B 古代有河流经过
C 在公元前就消失了 D 消失的原因已经找到了

163～165

一台计算机即使有十万字节的存储,但是没有软件做驱动,它依然__163__不了。对于奥运选手来说也是这样的,他们的思想就是"软件",这个"软件"控制着他们的肉体、骨骼和肌肉等"硬件"。除了超乎常人的体能之外,奥运选手的精神力量是真正使他们从普通运动员中脱颖而出的因素。

【163】文中__163__处应该填写的词语是:
A 运动 B 行动 C 运行 D 行走

【164】下面哪一项不是人体的"硬件"?
A 肉体 B 骨骼 C 肌肉 D 思想

【165】奥运选手和普通运动员最大的区别是:
A 肌肉 B 精神 C 体力 D 外表

166～167

网上一直在流传,口香糖要花7年时间才能被__166__,一位科学家正在试图揭开这种无稽之谈的真面目。科学家在实验室里准备了模拟胃。人体内哪些物质用来消化呢?首先是胃液素等酵素,此外还有氯化氢帮忙。这两种化学物质3小时已经足以让蛋糕变成糊。而口香糖24小时似乎纹丝不动。那么,顽固的口香糖究竟有什么下场?被吞下之后的24小时内,口香糖会在你的肚子里展开一段旅程,然后被排出体外。

【166】文中__166__处应该填写的词语是:
A 消灭 B 消失 C 消化 D 融化

【167】口香糖在体内会怎么样?
A 被吸收 B 被排出体外 C 留在体内 D 被分解

168～170

6日上午,随着"万年青号"轮缓缓靠上南通港千红石化码头,南通港迎来了海峡两岸开通直航后的首艘船舶。

"万年青号"载重3500多吨,总长91.03米。本航次从台湾麦寮港装载1530多吨醋酸乙烯驶往南通千红石化码头卸货。

据了解,两岸海运直航以前船舶由台湾出发,须经韩国木浦或者日本石垣岛中转,才能到达南通,耗时耗费。两岸海运直航后,两岸间航程至少可以__168__一天的时间,还可减少燃油消耗、减少转船费用,从而降低船公司运营成本,有利于__169__两岸互惠双赢,提高两岸的实力和竞争力。

【168】文中__168__处应该填写的词语是：

A 缩短　　B 增加　　C 缩小　　D 扩大

【169】文中__169__处应该填写的词语是：

A 表现　　B 实现　　C 体现　　D 再现

【170】两岸直航没有下列哪项好处？

A 减少燃油消耗　　B 减少运输时间　　C 增加运输成本　　D 减少转船费用

171～173

1923年3月，亨利·R·卢斯和布里顿·哈登__171__了《时代周刊》。这是美国目前影响最大的新闻周刊，覆盖面遍布全世界，有世界"史库"之称。最初，杂志的刊名为《事实》，后改用现名，由时代华纳公司在纽约出版。该刊的读者主要是中产阶级和知识阶层，宗旨是要使"忙人"能够充分了解世界大事。它大量使用图片和图表，是美国第一份用叙述体__172__时事，打破报纸、广播对新闻垄断的大众性期刊，其编排广为国内外新闻杂志所效仿。《时代周刊》之所以如此成功，离不开一批精明能干的撰稿人记者和一支庞大的研究人员队伍的努力。

【171】文中__171__处应该填写的词语是：

A 创造　　B 发现　　C 创办　　D 发明

【172】文中__172__处应该填写的词语是：

A 播报　　B 出版　　C 播放　　D 报道

【173】《时代周刊》成功的原因是：

A 叙述方式　　B 新闻内容　　C 工作人员　　D 图片图表

174～176

人类究竟起源于何地？长期以来，古人类学界持__174__地位的观点是：人类的起源地在非洲，而且是唯一的起源地。

自20世纪20年代起，中国的古人类与古生物学家不断在我国大陆找到远古人类的化石和活动遗迹，开始有学者提出人类可能源于中国大陆的观点。特别是在2007年，中美研究人员合作发表的最新研究成果称，研究者在北京周口店以南的田园洞发现的一批早期现代人类化石距今4.2万～3.85万年，这是迄今在欧亚大陆东部所测出的最早的现代型人类遗骸。田园洞人的一些特征对现在比较流行的现代人非洲起源学说提出了严峻的挑战(176)。

【174】文中__174__处应该填写的词语是：

A 主导　　B 唯一　　C 很多　　D 非常

【175】下面哪一项是完全正确的？

A 人类起源于非洲大陆　　B 人类化石不断被发现

C 人类起源于中国大陆　　D 田园洞人是人类祖先

【176】文中的画线部分"严峻的挑战"意味着什么？

A 古人类学界的观点是正确的　　B 非洲大陆是人类的唯一起源地

C 人类可能起源于亚洲大陆　　D 田园洞人居住在中国

177～180

如果一个孩子带回了这样一张成绩单，5个A，1个B，父母通常会这样问："为什么会得了一个B?"你认为孩子心里会怎么想？

孩子真正盼望的是，他因努力而获得的5个A能够得到认可与鼓励。父母可以在认可和赞扬这些A之后，再表明他们想看到6个A的愿望，并表示如果需要，自己可以提供帮助。如果降低我们的标准，那么下一次的成绩很可能低于我们的期望值。

同样，在工作上，一个员工干了100件正确的事而做了1件错事，猜一猜老板会挑出哪件？

认可事情的积极面，但是不要降低你的标准。

【177】父母会先关注孩子的哪一部分？

A 成功的部分 B 失败的部分 C 所有的一切 D 都不关注

【178】孩子希望得到什么？

A 父母找出自己的错误 B 父母不要关注自己
C 父母认可自己的努力 D 父母高标准地要求自己

【179】根据文章的意思，在第三段的前提下，一般老板倾向于怎么对员工？

A 赞扬100件正确的事 B 忽略错误的1件事
C 原谅错误的1件事 D 批评错误的1件事

【180】文章的中心意思是：

A 积极面比消极面重要 B 消极面比积极面重要
C 父母不关注自己的孩子 D 孩子渴望得到赞扬

181～183

中国有句老话“先下手为强”，抢占先机宛如踏上了通往成功的快车道。但先机可以让我们领先，却并不能决定一切。

2004年夏，欧锦赛在葡萄牙拉开帷幕，球场上激烈拼杀的同时，球场下，商家们围绕着球迷手中挥舞的小国旗也展开了一场销售厮杀。崇尚“先下手为强”的中国商人早早就制作了参赛各国的小国旗，加之每个小国旗1欧元的低廉批发价格，中国商人制作的小国旗__181__抢占了葡萄牙市场。同样盯着欧锦赛小国旗市场的印度商人赶到时，市场已经饱和。但印度商人并未放弃，经过全面的调查后，印度商人全面收购了中国商人手中的小国旗。当葡萄牙队进入半决赛，狂热的球迷疯狂地抢购、挥舞着小国旗，而这些由中国商人制作、印度商人出售给他们的小国旗，每个售价10欧元。

【181】文中__181__处应该填写的词语是：

A 缓慢 B 逐渐 C 部分 D 迅速

【182】下面哪一项文中没有提到？

A 国旗在球场上很受欢迎 B 中国商人抢占了先机
C 印度商人制作了大量小国旗 D 印度商人收购了全部小国旗

【183】可以做这篇文章标题的一句是：

A 小国旗销售之战 B 印度商人比中国商人聪明
C 先机最重要 D 先机并不决定一切

184～187

绿，作为一种生活方式，是一种时尚生活方式之王，是一种生存的最佳形态，是一种对共同世界的最佳负责。交通周，无车日——我国首个公共交通周活动，在很大程度上改变了我们的生活方式。所以我想问一声：“今天你绿了吗？”

说实在的，想让我们的生活绿起来，很困难。一位上夜班的同事，住在遥远的江对岸，日间来上班还能方便搭乘公交车，后半夜下班如何回家成了大问题。有消息说，北京市公交集团将在“无车日”那天增加200辆车。但是，“无车日”的北京，如果达到机动车单双号出行，每天可停驶130万辆汽车，添加的区区200辆车，如何填补那130万辆车停驶的空白？目前我国公交出行的分担率，平均不足10%。要想让百姓出行的生活方式“绿”起来，就必须摆脱公交车在低水平运行的状态。

【184】“绿”指的是什么？

A 环保 B 一种颜色 C 公交车 D 机动车

【185】作者怎么看待“无车日”活动？

A 高兴　B 郁闷　C 生气　D 怀疑

【186】关于公交车，下面哪一项是正确的？

A 很方便　B 数量满足不了需求

C 运行水平很高　D 和汽车一样多

【187】为什么“让百姓出行的生活方式‘绿’起来”很困难？

A 人们不喜欢公共交通　B 公共交通很方便

C 公共交通分担率低　D 汽车数量太多

188～191

对于中国人来说，过年是一年生活的顶峰，并且是一个新时段的开启，也曾经是每个孩子等待一年的灿烂的梦。平时一切好吃好玩的想法，都要积攒到过年释放，过年就是一个理想化的仪式，已经轻轻逃脱于日常生活之外。在过年的日子，生活被理想化，理想也被生活化了。此刻，饺子代表团圆，瓶子表示平安，桃子表示长寿，瓜蔓表示绵延，马、猴表示加官晋爵，牛表示五谷丰登……生活中的一切形象，都可以用来阐释理想。当生活浸染了理想，这一小段抽离于日常生活的时间便会闪闪发光。

到了物质生活极大丰富的年代，日常生活的理想化就变成了对记忆的想象。有一种说法，过年只剩下吃年夜饭、看春晚和拜年三项内容，而拜年又变为“电话拜年”、“短信拜年”，全国人民的欢乐都有赖于电视信号的有效传达。于是，一些城里人奔赴农村寻找久违的年味儿，其实农村的年味儿也稀薄了，没有了火炕，大馅儿饺子也不是当年的味儿，对北方农村心怀臆想的城市客们心怀失落。当他们刷卡结账离开农家乐时，他们的失落感会加剧，然后更加猛烈地寻找记忆里的那个“年”。

【188】过年对于中国人来说是什么？

A 理想化的仪式　B 好吃好玩儿　C 物质极大丰富　D 团圆和平安

【189】物质生活极大丰富的年代，过年变成了：

A 吃年夜饭　B 看春晚　C 拜年　D 对记忆的想象

【190】为什么城里人去农村过年？

A 吃农家菜　B 寻找回忆　C 寻找新鲜　D 寻找理想

【191】下面哪句话能概括这段话的主要意思？

A 过年代表着理想的生活　B 城市人到农村寻找新年

C 过年是最快乐的　D 传统的年味儿已经离我们远去了

192～195

咖啡因与咖啡是公认的健康饮品，但喝咖啡一定要合理、科学饮用，才能有益于健康。清晨起床后喝一杯为的是醒脑，白天工作时轻呷一口可提神，此时咖啡可稍浓。而餐后或晚间饮咖啡以略轻淡为宜。咖啡或茶都有提神醒脑的作用，但不适宜餐中伴饮，应在餐后饮用。有的朋友非常爱喝咖啡，但怕常喝会上火。我们常看到许多人光点咖啡，这种喝咖啡的方式是不利于健康的。应该在品咖啡时配搭一杯白水，这样做有两种好处：第一，在品咖啡前先喝一口白水，冲掉口中异味，再品时才会感受到香醇。第二，由于咖啡的利尿功能，多喝白水，提高排尿量促进肾功能。这样，既品味了咖啡的美味，又不必担心上火，真是一举两得。

提到咖啡，人们便会联想到咖啡因，咖啡因是咖啡中的一种较为柔和的兴奋剂，它可以提高人体的灵敏度、注意力、加速人体的新陈代谢，改善人体的精神状态和体能。目前，人类在大约60种植物中发现了咖啡因，其中最为人知的便是茶和咖啡。咖啡中含有咖啡因，是否对咖啡因有任何反应也因人而异。例如，有些人对花粉过敏，有些人则不适合吃海鲜。而这两种情况对绝大多数的人不会有任何影响。

人们常问:"每天喝多少咖啡不会过量？喝多少咖啡才算过量?"在一些咖啡消费大国,人们平均每天要摄取大约 250 到 600 毫克的咖啡因。经反复的科学研究和分析,这一剂量对人体没有任何副作用。

【192】什么时候不适宜喝咖啡？

A 起床后　　B 吃饭中　　C 工作时　　D 晚餐后

【193】关于品咖啡时搭配一杯白水,哪一项是错误的?

A 可以冲掉口中异味　　B 可以提高排尿量

C 不容易上火　　D 稀释咖啡的浓度

【194】下面哪一项是咖啡因的作用?

A 降低人体的灵敏度　　B 加速人体的新陈代谢

C 降低人体的注意力　　D 降低体能

【195】下面哪一项是错误的?

A 清晨喝咖啡可以醒脑　　B 咖啡因是一种兴奋剂

C 500 毫克咖啡因对人体有副作用　　D 光喝咖啡不利于健康

196～200

最近,娃哈哈和达能之争不断升级。1996 年,娃哈哈与法国达能、香港百富勤共同成立 5 家合资企业,其中娃哈哈持股 49%,达能和百富勤共同持股 51%。1997 年,随着百富勤将股权转让给达能,达能以 51%的股权成为合资企业的控股股东。2006 年 6 月初,达能起诉娃哈哈。成功干掉"乐百氏"的达能尽管拥有这张法律牌,但娃哈哈挑起的"民族情绪"显然占了上风。

达能绝不是唯一的强硬者。虽然有的时候跨国公司许诺加强品牌投资,但最后都把他们消灭掉了。许多耳熟能详的品牌如活力 28、熊猫洗衣粉、扬子、香雪海冰箱、天府可乐、上海汽车、白猫洗涤用品、北冰洋碳酸型饮料等,早被外企"雪藏"多年。

1994 年,联合利华与一个中国公司合资租用美加净品牌 5 年,美加净 ___196___ 是中国领先的牙膏品牌之一。3 年以后,联合利华停止了这个品牌的广告。2001 年,一个上海公司花了 5 亿元从联合利华手中回购了美加净,并试图重振这个品牌。但已经晚了,损害已经造成。2000 年,美加净的销售量为两千万支,只是当时联合利华并购时销售量的三分之一。

中国观察人士认为这种并购是有意要把中国的品牌逼上绝路,或者把它们统统杀死。来自 2006 年的调查显示,超过六成公众认为这样会损害到中国经济独立性,应加以限制。

【196】文中 ___196___ 处应该填写的词语是:

A 现在　　B 永远　　C 当时　　D 一直

【197】下面哪一个公司是民族企业?

A 娃哈哈　　B 联合利华　　C 达能　　D 百富勤

【198】跨国公司如何对待中国的民族品牌?

A 加强投资　　B 增加广告　　C 逐渐消灭　　D 支持发展

【199】下面哪一项是不符合文意的?

A 达能损害了娃哈哈的权益　　B 美加净的销量不如从前

C 跨国公司的并购是善意的　　D 公众希望限制跨国公司的行为

【200】下面哪一句话可以概括文章的主要意思?

A 娃哈哈输给了达能集团　　B 跨国公司的并购在威胁民族企业

C 许多品牌被外企"雪藏"　　D 联合利华并购美加净

201

高速发展的时代催生了电视电影等快餐文化，它们的确更加方便快捷，丰富了我们的生活。

【201】文中画线词拼音正确的一个是：

A 快餐(kuàicāng)　　B 的确(déquè)

C 方便(fāngpiàn)　　D 丰富(fēngfù)

202～203

考古发现，西周时期就出现了类似火锅的炊器。到了清代，吃火锅已经十分__202__，无论宫廷__203__民间都盛行吃火锅。乾隆皇帝尤其喜欢吃火锅，所以他六次南巡时，所到之处都为他准备了火锅。嘉庆元年宫内举行千叟宴，据说总共用了1500多个火锅。

【202】文中__202__处应该填写的词语是：

A 普通　　B 普遍　　C 方便　　D 遍及

【203】文中__203__处应该填写的词语是：

A 还是　　B 就是　　C 不是　　D 而是

204～205

目前，外企对秘书职位的要求呈现以下发展趋势：从"打杂"、"花瓶"向职业化秘书__204__；从"硬性"专业要求向"软性"素质化迈进；对秘书知识结构的要求更趋向于专业化、职业化；同时，体现企业所在国家民族文化的特性。例如，欧美公司更注重秘书专业能力的发挥，日本公司则更注重该职位的沟通能力和亲和力。

【204】文中__204__处应该填写的词语是：

A 转化　　B 变化　　C 转变　　D 变成

【205】日本公司重视秘书的哪方面能力？

A 专业　　B 沟通　　C 外表　　D 性格

206～208

近代以来，上海人一直是中国一个非常特殊的群落。上海的古迹没有多少好看的，到上海旅行，感受最深的便是熙熙攘攘的上海人。他们有许多心照不宣的生活秩序和内心规范，形成了一整套心理文化__206__，说得响亮一点儿，可以称之为"上海文明"。一个外地人到上海，不管在公共汽车上，在商店里，还是在街道间，很快就会被__208__出来，主要不是由于外貌和语言，而是这种"上海文明"。

【206】文中__206__处应该填写的词语是：

A 形式　　B 模式　　C 方法　　D 方面

【207】什么是"上海文明"？

A 美丽的古迹　　B 独特的心理文化

C 与众不同的外貌　　D 特殊的语言

【208】文中__208__处应该填写的词语是：

A 辨认　　B 辨别　　C 指认　　D 察觉

209～211

最近的汶川大地震和缅甸的强热带风暴都在提醒我们，灾难是人类生存环境的一部分。在危机中，我们每个人都有不同的状态，这就是我们所说的"灾难个性"。

往往灾难个性不同，在灾难中的反应就__209__。有时候，如果反应得当，可以适当减少在灾难中的人员伤亡。相反，人们在灾难中产生的不当反应可能会导致死亡人数的__210__。因此，我们应该努力完善这种个性，教会大脑如何更快地开动，甚至做出更明智的反应。

【209】文中 209 处应该填写的词语是：

A 相同　　B 不同　　C 一样　　D 差别

【210】文中 210 处应该填写的词语是：

A 上升　　B 减少　　C 大量　　D 很少

【211】下面哪一项可以做文章的题目？

A 可怕的灾难　　B 不同的反应

C 中国大地震　　D 不同的灾难个性

212～214

据英国《每日邮报》报道，日前，美国科学家塞缪尔·伍德成为世界上第一个克隆自己的人。据称，伍德将自己的皮肤细胞植入女性的卵子中从而建立晶胚细胞。这是首次提取成年人皮肤细胞克隆人类晶胚细胞。虽然这些比针头还要小的晶胚细胞只存活了5天时间，它们却被视为治疗一些疾病的一个里程碑。此后人类的诞生将不再是一个奇迹，而是简单地由许多部件构成。这项克隆技术的突破激起(213)了伦理道德的 212 争议。

【212】文中 212 处应该填写的词语是：

A 强烈　　B 热烈　　C 剧烈　　D 急切

【213】下面哪一个词语可以替换文中的画线部分"激起"？

A 引导　　B 产生　　C 激烈　　D 引发

【214】下面哪一项是错误的？

A 克隆技术有了新的突破　　B 人类诞生是一个奇迹

C 克隆自己在伦理道德上有争议　　D 克隆晶胚细胞有利于疾病治疗

215～217

日本是个旅游 215 丰富的国家，但在商业高度发达的当今社会，日本的自然景点全部免费，一些人文景观，也只是象征性地收取费用。

我好奇地问一位在日本的朋友，那日本政府的负担岂不是很重？朋友回答，表明看来，免费当然会亏本，但正因为免费，才吸引了很多国家的旅行团纷至沓来。我恍然大悟。朋友又说，这就是日本人的聪明之处，他们用免费吸引游客来玩儿，又精心设计出一系列带有特色的旅游产品，吸引游客来买，经济效益一点儿也不耽误。

最后，朋友又补充了一句：虽然门票免费，日本的物价可并不便宜哦，你应该有所体会了。

【215】文中 215 处应该填写的词语是：

A 资金　　B 能源　　C 资源　　D 资产

【216】关于日本，哪一项是正确的？

A 物价很低　　B 自然景点门票免费

C 没有外国游客　　D 日本政府负担很重

【217】为什么日本的景点门票免费？

A 吸引游客　　B 国家政策　　C 日本人很聪明　　D 日本物价很高

218～220

由山寨手机引发的"山寨"一词已经成为草根的代名词。之所以称之为"山寨"，也有占山为王，和正规品牌"分庭抗礼"的味道。虽然山寨机的势头 218 ，但"山寨"这个词却在网络上、在以年轻人为主的群体当中 219 开来。从山寨机到山寨明星，"山寨"一词不仅逐渐流行，而且含义也在扩大，从原来的商业产品范畴逐渐扩展到诸多方面，略带巧合的雷同，刻意模仿的恶搞，只要内容带有一定娱乐元素，都会被放到网上，冠以"山寨"之名，而网友的回复也大都是"太山寨了"、"很雷人"等特色鲜明的网络形容词。

【218】文中__218__处应该填写的词语是：
A 增强　B 增加　C 减少　D 减弱

【219】文中__219__处应该填写的词语是：
A 扩散　B 分散　C 流传　D 扩展

【220】下面哪一项不属于“山寨”的特点？
A 雷同　B 恶搞　C 娱乐　D 原创

221～223

恩施位于湖北省西部的重重大山深处，是恩施土家族苗族自治州首府。从中国地图上看，地处华中，不算偏远。但目前从地面进入，却还并非易事。正如歌中所唱那样“这里的山路十八弯，这里的水路九连环”，大山总是连绵不断，甚至到恼人的程度。我从长江三峡里面的奉节进入，180 公里的路途，足足折腾了大半天。进来才知道，这(222)个偏远的小城却也称得上是一座历史悠久的文化名城。三国时就在这里置沙渠县，隋唐时设施州，清雍正年间“改土归流”后增设施南府；抗日战争期间，湖北省政府西迁，恩施还曾作过 7 年湖北临时省会。

【221】恩施的地形是：
A 盆地　B 平原　C 山城　D 高原

【222】文中的画线部分“这”指的是什么？
A 三峡　B 奉节　C 恩施　D 路途

【223】下面哪一项是正确的？
A 恩施是土家族苗族自治州首府　B 恩施在三国时设施州
C 恩施在清朝时期做过省会　D 恩施位于湖北省中部的大山中

224～227

中国社会正在变得富裕，而富裕的一大标志就是肥胖者越来越多。如果我们把过去的中国人整体看成一个清瘦的年轻人，那么，现在的中国人就是一个正变得越来越富态的中年人，有点儿大腹便便的感觉。

在清贫时代，人们把肥胖看成一种好生活的标志。现在，这一切却颠倒过来了，当社会进入富裕时期，清瘦成为富人、上层的标志，而肥胖__224__成为穷人、底层的标志。这是因为，肥胖往往伴有高血压、血脂异常症、糖尿病、冠心病等多种疾病，成为现代富裕社会的文明病。

在富裕社会，有钱人通过食用低脂肪高营养的食品，通过体育健身户外活动等方式，来抑制自己身体发胖，保持过去穷人才有的清瘦体态；而穷人因为没有多少时间和金钱来健身减肥，只好一直保持过去富人才有的肥胖体态。

【224】文中__224__处应该填写的词语是：
A 从而　B 反正　C 而且　D 反而

【225】社会富裕的标志是：
A 苗条的人越来越多　B 肥胖的人越来越多
C 健康的人越来越多　D 健身的人越来越多

【226】在富裕社会，穷人为什么反而肥胖？
A 食用低脂肪高营养的食品　B 体育健身
C 有高血压和糖尿病　D 没有时间和金钱减肥

【227】下面哪一项是错误的？
A 中国的肥胖者越来越多　B 肥胖一直是好生活的标志
C 肥胖常常伴有各种疾病　D 穷人没有时间减肥

228 ～ 231

夏天，同处一个环境中，有些人大受蚊子的“青睐”(228)，成为蚊子不断进攻的“美餐”，可有些人不采取任何避蚊措施也安然无事。究竟蚊子偏爱什么样的人呢？

一是汗腺发达的人。喜欢流汗的人，血液的酸性强，排出的汗液会使体表乳酸值较高，对蚊子产生吸引力。二是刚运动完或参加完体力劳动的人。这时人的呼吸加快，呼出的二氧化碳较多，蚊子会闻味而至。三是穿深色衣服的人。蚊子有趋暗的习性，穿黑色衣服的人是蚊子进攻的首选对象，其次是蓝、红、绿等颜色，蚊子很少叮穿白色衣服的人。同理，蚊子爱叮肤色较黑或肤色发红的人。四是化过妆的人。科学家经过测试发现，许多种类的化妆品对蚊子的诱惑力都很不一般。所以化妆的人比不化妆的人更招蚊子喜欢。

为避免蚊子叮咬，平时应注意卫生，合理安排工作，夏天多穿浅色衣服。此外，还应多吃一些大蒜和含维生素 B 的食物，因为维生素 B 和大蒜经人体消化吸收后，会排出一种令蚊子厌恶的气味。

【228】文中画线词语“青睐”是什么意思？

A 讨厌　　B 喜爱　　C 排斥　　D 烦恼

【229】蚊子最不喜欢的颜色是：

A 白色　　B 黑色　　C 红色　　D 绿色

【230】为避免蚊子叮咬，应该怎么做？

A 经常运动　　B 穿黑衣服　　C 不要化妆　　D 少吃大蒜

【231】根据本文，下列说法正确的是：

A 注意休息可以少被蚊子叮　　B 蚊子喜欢维生素 B 的气味

C 蚊子喜欢叮肤色较白的人　　D 流汗的人更容易被蚊子叮

232 ～ 235

中国的交通变迁，很难用一个词语、一句话来__232__。即使在首都北京，放眼望去，你还可以看到人们骑着自行车穿街过巷，尽管不再是凤凰、永久这些几十年前的流行货；在农村，你依然可以看到最古老的牛车、马车，同时也有名牌轿车一路疾驶。

在山区人民翻越一座大山的时间里，北京的某个老板也许已经飞到了上海、纽约；在务工者们挤在火车里盼望回家见到妻儿老小的时候，深圳和香港之间的旅客也在排队过关。

这就是中国，辽阔的疆土上发生着各种各样的变化，也有难以改变的东西。回顾近几十年，我们能在各种交通工具的变化上看到时代的进步，也可以看到国人的财富观和生活观中某些未曾改变的信仰。

行者无疆。中国的触角在向世界延伸，普通人的生活却始终朝向自我，实实在在的幸福，才是时代变迁中最__235__的堡垒。

【232】文中__232__处应该填写的词语是：

A 表示　　B 改变　　C 概括　　D 解释

【233】不属于中国交通变迁的一项是：

A 凤凰和永久依然流行　　B 牛车与名牌轿车并存

C 飞机与步行并存　　D 交通工具多种多样

【234】什么是中国难以改变的东西？

A 对自行车的喜爱　　B 追求幸福的信仰

C 交通工具　　D 对家乡的想念

【235】文中__235__处应该填写的词语是：

A 坚固　　B 坚强　　C 顽固　　D 坚硬

236～240

皮影戏__236__于中国，被称为“电影始祖”。而今，电影正如日中天，而中国的皮影戏还在孤独、落寞中挣扎着前行。(237)

琉璃厂火神庙旧址中的文化馆里，一间20世纪50年代厂房般的屋子就是北京皮影剧团所在地。2007年7月的一天，馆里涌进了一群看表演的中央民族大学预科留学生。之前，领队的张老师对中国皮影戏的海外传播史做了好一番介绍，让这群年轻的外国人着迷不已。早在公元13世纪后期，马可·波罗的随行者就把一大堆中国货连同皮影带回了意大利。13世纪初期成吉思汗横扫亚欧大陆时，随军的皮影艺人在被征服的地区尽情地巡回表演。从帕米尔高原、美索不达米亚平原，到整个中东地区，直至土耳其和欧洲大部都为这种艺术所折服。此刻，这些来自英国、法国、美国的留学生，正和他们几世纪前的先辈一样，对即将开演的皮影戏充满了好奇与期待。这日上演的是《三打白骨精》，一出剧情最为大家熟知、且最能代表皮影戏技艺的传统老戏。演到白骨精与孙悟空连番对打凌空翻腾处，引来一阵欢笑。表演一结束，留学生便嘻哈着拥向后台，在剧团演员的指点下拿着操纵杆模仿比画。

留学生们兴致勃勃地选购皮影人偶纪念品时，旁边的演员已显出疲态。张杰，一位来自唐山的19岁漂亮女孩儿已在剧团待了3年，每天除了演出都在练功，睡觉时胳膊常痛得举不起来。“我喜欢皮影，”张杰平静地说道，“不过我肯定不会一直干这个。”

【236】文中__236__处应该填写的词语是：

A 发明　　B 发源　　C 流行　　D 发现

【237】文中的画线部分“而今，电影正如日中天，而中国的皮影戏还在弧独、落寞中挣扎着前行”的意思是：

A 现在，电影很受欢迎，皮影已经消失

B 现在，电影不如皮影受欢迎

C 现在，电影比皮影受欢迎得多

D 现在，电影和皮影一样受欢迎

【238】皮影没有到达以下哪个地区？

A 帕米尔高原　　B 美索不达米亚平原

C 欧亚大陆　　D 非洲大陆

【239】文章的最后一句话暗示了什么？

A 张杰不喜欢皮影　　B 皮影的生存环境很艰难

C 皮影的未来很光明　　D 张杰很喜欢皮影

【240】如果给这篇短文加一个题目，最恰当的是：

A 有趣的皮影戏　　B 皮影戏的传播

C 皮影戏的起源　　D 皮影戏的衰落

241

外界一直认为中国国民的读书率差强人意，近5年来更在持续走低。然而，日前著名调查公司AC—尼尔森却以一个出人意料的结论，彻底打破了这一传统说法，结论表明目前“中国网上购书的比例为全球第一”。

【241】文中画线词拼音正确的一个是：

A 认为(nènwéi)　　B 持续(chíxù)

C 调查(diàocá)　　D 彻底(cèdǐ)

242～243

最近，瑞士的科学家对电视__242__程度与生活满意度之间的关系进行了研究，结果发现，每天看电视少于 1.5 小时的人比其他人的生活满意度更高，当看电视的时间多于每天 2.5 小时，这一差距会更加明显。

【242】文中 242 处应该填写的词语是：

A 关注　B 关心　C 着迷　D 喜欢

【243】从这段话中，我们可以知道：

A 看电视的时间与生活满意度无关

B 看电视时间越短，对生活的满意度越高

C 看电视时间越长，这种差距越不明显

D 生活越满意，看电视时间越长

244 ～ 246

1995 年，联合国教科文组织宣布 4 月 23 日为“世界读书日”，旨在让各国政府与公众更加重视图书这一 244 知识、表达观念和交流信息的形式，同时希望借此鼓励世人， 245 是年轻人，去发现阅读的乐趣，增强版权保护意识，并对那些为 246 人类的社会和文化进步做出不可替代贡献的人表示敬意。

【244】文中 244 处应该填写的词语是：

A 广播　B 宣传　C 传达　D 传播

【245】文中 245 处应该填写的词语是：

A 特别　B 越发　C 非常　D 更加

【246】文中 246 处应该填写的词语是：

A 导致　B 促进　C 影响　D 引起

247 ～ 249

有人喜欢睡前小酌两杯，希望酒神能带来甜蜜的 247 。不过加拿大研究人员发现，魁北克省的失眠者每年在酒精饮品上的花费是 2.72 亿美元，这是他们使用处方和非处方药物，再加上用于和失眠相关的保健咨询费用总和的三倍，但他们并没有睡得更好。事实上，只有优质睡眠才会让身心得到充分休息，饮酒则会抑制深度睡眠，让你第二天看起来疲惫不堪。与饮酒相比，正确的治疗以及服用安眠药物更为管用，新型安眠药会诱导你进入七八个小时的不间断睡眠， 248 花费更少。

【247】文中 247 处应该填写的词语是：

A 休息　B 休眠　C 睡眠　D 睡觉

【248】文中 248 处应该填写的词语是：

A 而且　B 因为　C 但是　D 所以

【249】这段话的中心意思是：

A 酒精有利于睡眠　B 酒精与安眠药的关系

C 酒精无法促进睡眠　D 饮酒的费用很高

250 ～ 253

只需轻点鼠标，我们就可以把鲁迅所有的作品免费 250 到电脑里，但是，有耐心在屏幕前把它仔细读完的人，100 个人里恐怕都挑不出 1 个。其实，显示屏与纸张两种介质在物理性质上的不同，直接决定了人们无法从电脑上获得传统的阅读乐趣。在阅读传统的纸质图书时，文字本身不会移动，可以让人平心静气，但在电脑屏幕前阅读时，鼠标点击和滚屏不可避免地会打断人的注意力，令人失去耐心，以及对文字全面的把握。此外，手指在触摸纸张和显示屏时对大脑感知区域的刺激也完全不同，前者更有助于激发人的潜意识，帮助深入理解文字之美，而不是仅仅止步于＿251＿信息。

【250】文中＿250＿处应该填写的词语是：

A 下载　B 传输　C 传递　D 转移

【251】文中＿251＿处应该填写的词语是：

A 理解　B 分析　C 下载　D 获得

【252】人们为什么无法从电脑上获得传统的阅读乐趣？

A 电脑阅读让人失去耐心　B 电脑阅读让人集中精神

C 纸质图书让人平心静气　D 电脑阅读有助于理解文字之美

【253】电脑阅读可以做到：

A 得到信息　B 激发潜意识　C 理解文字之美　D 全面把握文字

254～257

"驴友"一词最初由新浪旅游论坛传出，是旅游的"旅"的谐音，最开始泛指参加旅游，自助游的朋友。这些人喜欢互称驴友。现在，"驴友"更多地是指背包客，就是那种背着背包，带着帐篷、睡袋穿越、宿营的户外爱好者。在我国开展的主要户外运动包括远足、穿越、登山、攀岩、漂流、越野山地车等。这种属于驴友的运动中多数带有探险性，属于极限和亚极限运动，有很大的挑战性和刺激性。因为可以拥抱自然，挑战自我，锻炼意志以及团队合作精神，提高野外生存能力，所以深受青年人的喜爱。随着人们生活水平的提高，户外运动和驴友越来越受欢迎，日益成为关注的焦点(257)。

【254】"驴友"是什么类型的人的互称？

A 喜欢驴的人　B 喜欢户外运动的人

C 青年人　D 喜欢上新浪论坛的人

【255】哪一项不属于背包客的特点？

A 背着背包　B 带着帐篷　C 热衷上网　D 喜欢宿营

【256】下面哪一项不属于极限运动的特点？

A 单调性　B 挑战性　C 刺激性　D 探险性

【257】可以替换文中的画线部分"焦点"的词语是：

A 方向　B 对象　C 目标　D 旅游

258～261

我以为，中国历史上最激动人心的工程不是长城，而是都江堰。长城当然也非常伟大，不管孟姜女如何痛哭流涕，站远了看，这个苦难的民族竟用人力在野山荒漠间修了一条万里屏障，为我们生存的星球留下了一个人类意志力的骄傲。但是，就在秦始皇下令修长城的数十年前，四川平原上已经完成了一个了不起的工程，那就是都江堰。它的＿258＿从表面上看远不如长城宏大，却注定要稳稳当当地造福千年。长城的社会功能早已废弃，而它(259)至今还在为无数百姓输送潺潺清流。有了它，旱涝无常的四川平原成了天府之国。每当我们民族有了重大灾难，天府之国总是沉着地提供庇护和养育。因此，可以毫不夸张地说，它永久性地灌溉了中华民族。

【258】文中＿258＿处应该填写的词语是：

A 大小　B 范围　C 规模　D 作用

【259】文中的画线部分"它"代表什么？

A 长城　B 都江堰　C 四川平原　D 中华民族

【260】下面哪一项是都江堰的主要功能？

A 防御　B 观赏　C 旅游　D 灌溉

【261】下面哪一句话可以概括文章的主要意思？

A 都江堰是中国历史上最激动人心的工程
B 长城是人类意志力的骄傲
C 长城的社会功能已经废弃
D 天府之国养育中华民族

262～265

在美国某监狱，一次，一个经常大吵大喊的犯人被换到另一个房间后，却出人意料地不声不响了。

看守长究其原因，发现是房间颜色不同所致。于是该监狱决定，以后每隔一定时间，就让犯人换换房间。实践表明，效果的确不错。

消息传到日本，东京市三叶咖啡屋老板深受启迪，他灵机一动，在红、青、黄和咖啡色 4 种杯子里，分别盛入完全相同的咖啡让人品尝。结果，10 人即有 9 人认定红杯子里的咖啡"最浓"，于是他将店里的杯子一律换成红色的。此后，咖啡仍为原量，而顾客却感到格外"实惠"。老板发财，实属必然。

这就是遐迩闻名的不增加投入却增加收入的所谓"红杯子"效应，咖啡浓度是一样的，但倒入不同颜色的杯子里，顾客则产生"浓度"不同的视觉与心理作用。店主匠心独运，真可谓用到了点子上。

【262】什么不同导致犯人的反应发生了变化？

A 房间大小　B 房间颜色　C 房间摆设　D 房间位置

【263】顾客觉得红色咖啡杯里的咖啡：

A 最好喝　B 最便宜　C 最浓　D 最淡

【264】为什么老板发财实属必然？

A 不增加投入却增加收入　B 增加投入却不增加收入
C 增加投入而增加收入　D 不增加投入也不增加收入

【265】下面哪个选项可以做文章的标题？

A 聪明的老板　B 看守长的新发现　C 心理作用　D "红杯子"效应

266～267

嘴唇干裂是秋冬季节的常见症状，可以从调整饮食和日常习惯上来防治。第一，多吃新鲜蔬菜，如黄豆芽、油菜、白菜、白萝卜等，以增加B族维生素的摄取。第二，及时补充足量水分，充足的饮水量，对于人体机能的均衡有很大帮助，能有效防止嘴唇干裂。第三，无论男女，都应使用护唇膏来呵护双唇，尽量选择添加刺激性成分少的无色唇膏。过敏体质的人，用棉签将香油或蜂蜜涂抹到嘴唇上，也能起到很好的保湿作用。第四，尽量__266__风吹日晒等外界刺激，可以采取戴口罩的办法来防护。第五，纠正舔唇、咬唇等不良习惯。如果唇部的皲裂、结痂症状长期不愈，应及时到医院就诊，尽早查清病因，对症治疗。

【266】文中__266__处应该填写的词语是：

A 避免　B 阻止　C 影响　D 发现

【267】下面哪一项不利于防治嘴唇干裂？

A 多吃新鲜蔬菜　B 及时补充水分　C 经常舔唇咬唇　D 使用无色唇膏

268～271

SOHO 族是指在家办公的一类新人。SOHO 族(small office/home office)是随着电脑时代的到来，物质和精神文明的提高而出现的。电脑的出现，一方面加快了社会节奏和生活节奏，社会价值的创造必须跟上电脑的速度，于是一切都加快了脚步，时间似乎总是不够用。另一方面，电脑毕竟解放了劳动力，使很多工作可以节省时间，促使了"休闲文化"的诞生，工作节奏和生活节奏可以在时间的自由支配下舒缓下来。SOHO 族就是享受电脑便利带来的舒缓节奏的一族。

SOHO 族起源于美国 20 世纪 80 年代中后期，到 80 年代末已风靡世界各发达国家和地区。自 20 世纪 90 年代初期登陆中国，便迅速在上海、北京、广州等大城市掀起一股旋风。世界上目前仅德国就有 360 万人以 SOHO 方式工作。德国 IBM 公司有 25%的员工在家里为公司工作。在美国现在已有 3000 万人拥有了家居办公室。SOHO 族的出现标志着自由职业者一族的兴起。

【268】下面哪一项不是 SOHO 族出现的条件？

A 生活节奏的变化　　B 电脑时代的到来

C 物质文明的提高　　D 精神文明的提高

【269】SOHO 族最早出现在：

A 中国　　B 日本　　C 美国　　D 德国

【270】下面哪一项是正确的？

A SOHO 族享受电脑便利带来的快速节奏

B SOHO 族在 21 世纪传入中国

C IBM 公司有 360 万人以 SOHO 方式工作

D SOHO 族的出现标志着自由职业者一族的兴起

【271】下面哪句话可以概括文章的主要意思？

A 电脑导致 SOHO 族出现　　B SOHO 在中国很流行

C SOHO 标志新的工作方式的兴起　　D 电脑节约了工作时间

272～275

我国大陆上全年最热在 7 月，7 月份全国最热的地方在号称“火洲”的新疆吐鲁番盆地。吐鲁番盆地夏季究竟有多热？我们先让当地的气象数据说话。

在东部地区，午后最高气温高于 35℃的日子，常常被称为高温日。而吐鲁番盆地的东坎站这种高温日子每年平均有 107.9 天，全国第一。东部地区最高气温 40℃以上的日子极少见，可称为酷热日。吐鲁番盆地东坎站酷热日子全年平均有 45.8 天，也是全国第一。实际上所有其他夏季高温指标，吐鲁番盆地也都是全国第一，而且遥遥领先。

__272__炎热和少雨，这里也成为了我国夏季最干燥的地方。可是这种少雨干燥，并没有使这块土地无法居住，反而给这里带来了各种好条件。一方面，这种天气使得这里的文物古迹得以长期保存。例如，吐鲁番市郊国家重点文物保护单位苏公塔，全用土砖砌成，高 44 米，历经 230 年之久而毫发无损，“外雕”精彩依然；另一方面，吐鲁番盆地的干燥使当地夏季热而不闷，虽常有 40℃高温，但仍觉得比江南夏季 35℃舒适得多；除此之外，高温干燥使得无核白葡萄在架上成熟后还有足够时间进晾房中自然风干，因而色泽鲜绿，号称“绿珍珠”，含糖量高达 60%以上，畅销国内外。

这样的地方，值得每个人去走一趟。

【272】文中__272__处应该填写的词语是：

A 虽然　　B 由于　　C 即使　　D 就算

【273】根据文意，下面哪一项是错误的？

A 吐鲁番盆地是中国夏季最热的地方

B 吐鲁番盆地是中国夏季最干燥的地方

C 炎热的吐鲁番盆地无法居住

D 吐鲁番盆地的文物古迹保存非常完好

【274】下面哪一项不属于干燥带来的结果？

A 夏季非常炎热　　B 文物古迹可以长期保存
C 生活比南方的夏季舒适　　D 葡萄又甜又好吃

【275】下面哪一句话可以概括全文的意思？
A 吐鲁番盆地是中国夏季最热的地方　　B 吐鲁番盆地是中国夏季最干燥的地方
C 吐鲁番盆地的葡萄又甜又好吃　　D 炎热的吐鲁番盆地是个好地方

276～280

近几年，一种让很多人都看不明白的文字在网络上流行开来，它被称为火星文。

根据维基百科的描述，火星文究竟是指何种语言，目前尚未有严谨的定义。通常只要给人造成阅读和理解上的困难，就可以算是火星文。如果从狭义来看，火星文就是所谓的“脑残体”，即将正常的汉字变形，大量使用与原字形似的别字。

据火星文官方网站站长介绍，火星文起源于我国港澳台地区，最初随着仓颉、注音等繁体输入法出现。网友在打字时会频繁出现一些错别字，或为了图方便而故意打错字，但大家通常都能心知肚明，便渐渐默认使用。

随着网络的发展，大陆的一些论坛上开始出现台湾网民的留言。他们使用的繁体字、包括错别字被当做时髦，引来了大陆网民的效仿。于是，一些追时髦的大陆网民也开始使用繁体字，并根据方言或自创的词语，进一步丰富了火星文的内容，这一现象在“85后”的年轻人中表现尤甚。

然而，火星文的怪异使其在使用和推广方面有天然劣势。普通的简体中文输入法往往按照字符使用频率排序，而火星文中所出现的冷僻字和繁体字通常都排在字符库的最后面。因此，在电脑上直接打出火星文简直是“不可能完成的任务”。

不过，这一难题阻挡不了年轻人对火星文的热情。从编写火星文对照表开始，使用者们逐渐开始自行设计软件，建立 QQ 群和论坛，打造自己的精神家园。

【276】“火星文”是指：
A 火星人所使用的文字　　B 看不懂的文字
C 中国古代的一种文字　　D 流行于网络的一种文字

【277】根据文意，下面哪一项不是“火星文”的主要构成部分？
A 错别字　　B 简体字　　C 繁体字　　D 冷僻字

【278】下面哪一项是火星文在推广上的劣势？
A 年轻人喜欢使用火星文　　B 网络传播很发达
C 现有输入法的局限　　D 错别字太多

【279】年轻人对火星文的热情表现在：
A 给火星文下定义　　B 编写火星文对照表
C 举办火星文研讨会　　D 否定现有输入法

【280】下面哪个选项可以做文章的标题？
A 火星文的定义　　B 火星文的内容
C 火星文的输入　　D 火星文的流行

◇ 三、书面表达 ◇

书面表达考试题由客观题和主观题——给条件作文两部分组成，前者含15道题，答题时间为10分钟；后者为1篇作文，答题时间为35分钟，总答题时间为45分钟。

第一部分

【答题指南】

第一部分试题为15道，为提高考生应试能力，帮助考生取得理想成绩，我们在这里编制了105道题供大家练习。

第一部分内部包含两种题型：

题型Ⅰ：在一个句子中有1个或2个空儿，考生选择最恰当的答案填入其中（在答卷上画出该选项字母）。句子中的空儿主要涉及关联词语和词序方面的内容。

题型Ⅱ：在一句话中有4个画线的词语，若去掉其中1个词语则句子就成为病句，考生须找出这个不能删掉的词语，并在答卷上画出表示该词语的字母。

两种题型主要考查词语搭配、固定用语的用法、复句中关联词语的使用、句子成分在句子中的正确位置等语言使用能力。

本部分的练习方法：应先按照考试要求的正常速度在规定的时间内做一遍题，然后再不限时间与速度进行练习，加深理解。

本部分的技巧在于要仔细、反复阅读语句，特别注意汉语语法特点和汉语表达上的逻辑关系，若在平时训练中已经培养出正确的语感，则也可凭语感进行推断。

第一组（题型Ⅰ）

1. ________哪一季，登景山最合宜的时间________是在清晨或下午3点以后。
   A 除了……还……　　B 只有……才……
   C 只要……就……　　D 无论……都……

2. 绅士从不大声喧哗，________在酒吧里，大家________只是轻声谈话。
   A 因为……所以……　　B 不是……而是……
   C 即使……也……　　D 虽然……但是……

3. ________的人，扬州真像海市蜃楼一般美丽。
   A 对于那些没去过扬州而念过些唐诗　　B 面对那些没去过扬州而念过些唐诗
   C 关于那些没去过扬州而念过些唐诗　　D 听说那些没去过扬州而念过些唐诗

4. 他的消失，________。
   A 整座山冈使一下子就寂静下来了　　B 使整座山冈一下子就寂静下来了
   C 整座山冈一下子使就寂静下来了　　D 整座山冈一下子就使寂静下来了

5. 两个星期没联系，他以为________。
   A 压根儿老师把他们几个忘记了　　B 老师把压根儿他们几个忘记了
   C 老师把他们几个压根儿忘记了　　D 老师压根儿把他们几个忘记了

6. 这两人最喜欢的事是旅游，________。
   A 数年内走遍了全国的名山大川　　B 数年内走过了全国的名山大川
   C 数年内走到了全国的名山大川　　D 数年内走进了全国的名山大川

7. 他们沿着________往坡下走。
A 一片生长着红褐色赤松的山坡　B 生长着红褐色一片赤松的山坡
C 红褐色一片赤松的生长着山坡　D 一片的山坡生长着红褐色赤松

8. 他说这话的时候,口气很硬,________。
A 没有完全商量的余地　B 完全没有商量的余地
C 没有商量完全的余地　D 没有商量的完全余地

9. 毕业时他毅然拒绝了不少好工作,因为________。
A 再发达的地方也比得上自己的家乡　B 发达的地方再也比不上自己的家乡
C 再自己的家乡也比不上发达的地方　D 再发达的地方也比不上自己的家乡

10. 倘若不是司机眼疾手快,________。
A 撞得非要车毁人伤不可　B 撞得车毁人伤非要不可
C 非要撞得车毁人伤不可　D 非要撞得不可车毁人伤

11. ________心地的纯真,________孩子的笑是全世界最甜美的。
A 虽然……但是……　B 由于……因此……
C 只要……就……　D 无论……都……

12. 父母离婚后,________子女是由父母哪一方抚养,________是父母双方的子女。
A 即使……也……　B 不仅……还……
C 无论……都……　D 除非……才……

13. 电影是________。
A 把光电科技为基础的后起的现代艺术　B 以光电科技为基础的后起的现代艺术
C 按光电科技为基础的后起的现代艺术　D 从光电科技为基础的后起的现代艺术

14. 那情景________,默默地想着人类遥远而漫长的历史。
A 使我忘记几乎自己是生活在哪个世纪　B 使我自己几乎是生活在哪个世纪忘记
C 几乎使我忘记自己是生活在哪个世纪　D 使我忘记自己几乎是生活在哪个世纪

15. 无论狂风、沙暴还是岁月,________。
A 都无法改变他的决心　B 无法都改变他的决心
C 无法改变都他的决心　D 都改变无法他的决心

16. 在暮色中散步________。
A 已经不可或缺成为我每次回家的"功课"
B 成为已经我每次回家不可或缺的"功课"
C 成为我每次已经回家不可或缺的"功课"
D 已经成为我每次回家不可或缺的"功课"

17. "三通"协议中,空运直航是________。
A 两岸民众最为关注的焦点之一　B 最为两岸民众关注的焦点之一
C 最为关注的两岸民众焦点之一　D 两岸民众的焦点最为关注之一

18. 他真是弄不明白,这________何以如此震撼人的心灵?
A 不能再单调得单调的大沙漠　B 单调得不能再单调的大沙漠
C 大沙漠单调得不能再单调的　D 再单调得不能单调的大沙漠

19. 倒是世界上的某些小国，反而在国家品格方面________。
A 我这个中国人更令敬意由衷　　B 敬意由衷更令我这个中国人
C 更令我这个中国人敬意由衷　　D 令更我这个中国人敬意由衷

20. 那时通信还很不发达，不要说互联网，________。
A 也连电话不普及　　B 也不普及连电话
C 连也不普及电话　　D 连电话也不普及

21. 工人抓紧施工，________抢今天一秒，________等于明天一天。
A 只要……就……　　B 既然……就……
C 只有……才……　　D 即使……也……

22. 每天写字________因为自己对书法有多么着迷，________为了让自己的心静下来。
A 不但……而且……　　B 虽然……但是……
C 如果……那么……　　D 不是……而是……

23. 虽然贫穷，但是他每天都很快乐，________。
A 以自己选择的生活方式活着　　B 把自己选择的生活方式活着
C 让自己选择的生活方式活着　　D 从自己选择的生活方式活着

24. 车速虽然慢了点儿，________。
A 可再也慢比人走得快啊　　B 可人再慢也比走得快啊
C 可再慢也比人走得快啊　　D 可人走得比快再慢也啊

25. 长到这么大，这是他________。
A 第一次对父母透露自己毫无保留地的心声
B 毫无保留地第一次对父母透露自己的心声
C 第一次对父母透露自己的毫无保留地心声
D 第一次对父母毫无保留地透露自己的心声

26. 这片新的古迹________。
A 是第三次文物普查工作队在普查时发现的
B 是在普查时文物普查工作队第三次发现的
C 是在第三次普查时文物普查工作队发现的
D 是在普查时第三次文物普查工作队发现的

27. 由于日益严重的温室效应，________。
A 今年比去年的夏天早来了几天　　B 今年的夏天比去年早来了几天
C 今年的夏天早来了比去年几天　　D 今年的夏天早来了几天比去年

28. 虽然没受过专业训练，但是她做的蛋糕________。
A 让都点心师傅自愧不如　　B 点心师傅都让自愧不如
C 都自愧不如让点心师傅　　D 让点心师傅都自愧不如

29. 20 世纪初，海外旅游对于普通中国人来说________。
A 还是可望而不可即的　　B 还是而可望不可即的
C 还是不可望而可即的　　D 还是而不可望可即的

30. 公园的树阴下，他细心地帮父亲擦去额头的汗珠，________！
A 这是一幅非常感人的画面啊　　B 这是一幅多么感人的画面啊

C 这是一幅那么感人的画面啊 D 这是一幅这么感人的画面啊

31. 好心情________来源于一帆风顺，________生长于从容和坚定的勇气中。
A 虽然……但是…… B 不但……而且……
C 不是……而是…… D 因为……所以……

32. 船夫驾驶小艇时，________能操纵自如，________船速非常快。
A 只要……就…… B 因为……所以……
C 无论……都…… D 不是……就是……

33. 他向我推荐了________。
A 一本对了解中国当前国情很有帮助的书
B 对了解中国当前国情一本很有帮助的书
C 一本很有帮助的对了解中国当前国情书
D 对了解中国当前国情很有帮助一本的书

34. 寂寞，那是一种莫名的、________。
A 他自己连也未曾发现的情绪 B 连他自己也未曾发现的情绪
C 也未曾连发现的他自己情绪 D 也发现连他自己未曾的情绪

35. 到西藏“朝圣”的路途艰辛坎坷，________。
A 是我几乎所经历的最难忘的一次旅程
B 是我所经历几乎的最难忘的一次旅程
C 是几乎我所经历的最难忘的一次旅程
D 几乎是我所经历的最难忘的一次旅程

36. ________，他大概下个月能回到上海，完成他的环球旅行。
A 据我们的估计 B 从我们的估计
C 因我们的估计 D 把我们的估计

37. 批评往往能使我们清醒，________。
A 反省深刻地自己的过失 B 深刻地反省自己的过失
C 反省自己深刻地的过失 D 反省自己的深刻地过失

38. 和寥廓的宇宙相比，________！
A 个人的得失是实在的微不足道啊 B 个人的得失是非常的微不足道啊
C 个人的得失是特别的微不足道啊 D 个人的得失是怎样的微不足道啊

39. 接到快递员送来的录取通知书，她激动地________。
A 大哭了起来 B 大哭出来了
C 起来大哭了 D 出来大哭了

40. 那年我在大兴安岭穿行，看到的绿色________。
A 还要比有生以来见过的所有绿色多 B 比有生以来见过的所有绿色还要多
C 比还要有生以来见过的所有绿色多 D 比有生以来还要见过的所有绿色多

41. 假如________没有自然可以依傍，________没有朋友可以信赖，真是人生的大憾事。
A 即使……也…… B 既……又……
C 除非……才…… D 虽然……但是……

42. 他有一身好车技，________多窄的路________能像杂技演员一样穿行自如。
A 无论……都……　　B 因为……所以……
C 即使……也……　　D 不是……就是……

43. ________，楼上是静谧和安详的，有几位老人在织毛衣。
A 按楼下的喧闹相比　　B 跟楼下的喧闹相比
C 从楼下的喧闹相比　　D 把楼下的喧闹相比

44. 美国的地铁有一种钢铁的味道，________。
A 仿佛生怕人忘了这是早期工业时代的产物
B 生怕人仿佛忘了这是早期工业时代的产物
C 生怕人忘了仿佛这是早期工业时代的产物
D 生怕仿佛人忘了这是早期工业时代的产物

45. 我抚摸着________，心中充满着愧疚和感谢。
A 精美的奶奶亲手织出的棉拖鞋　　B 奶奶亲手织出的精美的棉拖鞋
C 奶奶的亲手织出精美的棉拖鞋　　D 亲手织出精美的奶奶的棉拖鞋

46. 到了澳门会有________，你的神经立刻会从紧张的状态中松弛下来。
A 不同于香港的完全感觉　　B 不完全同于香港的感觉
C 完全不同于香港的感觉　　D 不同于完全香港的感觉

47. 那是北京最热的夏天，________。
A 是我遇到的最酷热的日子　　B 我遇到的最酷热的日子是
C 是最酷热的日子我遇到的　　D 是我最酷热的日子遇到的

48. 第一次读这本书时，________。
A 我就把美妙的文字所吸引住了　　B 美妙的文字就把我所吸引住了
C 我就被美妙的文字所吸引住了　　D 美妙的文字就被我所吸引住了

49. 你已经5年没回家过年了，今年____________！
A 说什么也得回家看看父母　　B 说多少也得回家看看父母
C 说怎样也得回家看看父母　　D 说多么也得回家看看父母

50. 每当音乐响起，她就会随着美妙的音乐________。
A 起来跳舞　　B 跳舞去来
C 舞跳起来　　D 跳起舞来

51. 这次去北京，________观看奥运会，我们________要游览所有的名胜古迹。
A 因为……所以……　　B 如果……就……
C 除了……还……　　D 虽然……但是……

52. 这次的台风太大了，________是最优秀的飞行员，________无法穿过这片翻滚的海浪。
A 即使……也……　　B 与其……宁可……
C 无论……都……　　D 只要……就……

53. ________，天寒地冻的环境却是它们能够存活百万年的有利条件。
A 关于微生物来说　　B 对于微生物来说
C 根据微生物来说　　D 为了微生物来说

54. 事实上，＿＿＿＿＿＿＿＿从世界上消失。

A 每几乎两个星期就有一种语言　　B 每两个星期就有几乎一种语言

C 每两个星期就几乎有一种语言　　D 几乎每两个星期就有一种语言

55. 论坛上出现不同的意见与看法，＿＿＿＿＿。

A 不免会导致一场辩论　　B 会不免导致一场辩论

C 会导致不免一场辩论　　D 会导致一场不免辩论

56. 冰是＿＿＿＿＿。

A 最好的保存微生物的目前发现的母体　　B 目前发现的最好的保存微生物的母体

C 目前发现的保存微生物的最好的母体　　D 保存微生物的目前发现的最好的母体

57. 丹麦一项最新研究显示，＿＿＿＿＿。

A 比踢足球慢跑更有利于减肥　　B 踢足球更有利于减肥比慢跑

C 踢足球比慢跑更有利于减肥　　D 比慢跑更有利于减肥踢足球

58. 别紧张，这事也＿＿＿＿＿，我陪你去就是了。

A 没有什么大不了的　　B 没有大不了的什么

C 什么大不了没有的　　D 没有的什么大不了

59. 山村里的鸟，除了麻雀之外，＿＿＿＿＿。

A 也数燕子最多　　B 非数燕子最多

C 更数燕子最多　　D 就数燕子最多

60. 突如其来的爆竹声，一下子＿＿＿＿＿。

A 把我从睡梦中惊醒了　　B 被我从睡梦中惊醒了

C 让我从睡梦中惊醒了　　D 对我从睡梦中惊醒了

61. 每个人＿＿＿＿＿提高百分之一的效率，积累起来＿＿＿＿＿是一笔巨大的财富。

A 宁可……也……　　B 既然……就……

C 除非……才……　　D 哪怕……也……

62. 心理学家发现，＿＿＿＿＿儿童看电视过多，＿＿＿＿＿会坐立不安。

A 如果……就……　　B 只有……才……

C 即使……也……　　D 不是……而是……

63. ＿＿＿＿＿，发展民间公益事业的条件也许还不太成熟。

A 从中国目前的情况而言　　B 就中国目前的情况而言

C 在中国目前的情况而言　　D 向中国目前的情况而言

64. 动物是人类的朋友，＿＿＿＿＿。

A 都是生在地球村的邻居　　B 但是生在地球村的邻居

C 而是生在地球村的邻居　　D 也是生在地球村的邻居

65. 他开车的技术＿＿＿＿＿，简直出神入化。

A 比父亲更加精湛　　B 更加精湛比父亲

C 更加比父亲精湛　　D 比父亲精湛更加

66. 这是＿＿＿＿＿。

A 一座比较完整的汾阳市民国住宅　　B 汾阳市一座比较完整的民国住宅

C　一座汾阳市比较完整的民国住宅　　　　D　比较完整的汾阳市一座民国住宅

67. 每次收到信时，哪怕只是几句问候，________。

A　都他要亲笔回复　　　　B　他要都亲笔回复

C　他都要亲笔回复　　　　D　他要亲笔都回复

68. 西湖太美了，坐在西湖边静静地钓鱼________！

A　真是一种享受啊　　　　B　是真一种享受啊

C　是一种真享受啊　　　　D　一种真是享受啊

69. 干我们这一行的整天在城市里穿梭，公车又挤得要命，________。

A　一站就往往是一整天　　　　B　一站就是往往一整天

C　就是往往一站一整天　　　　D　往往一站就是一整天

70. 在文学作品中，挺拔的大树都是________。

A　像英雄一样伟岸而独立的形象　　　　B　和英雄相同伟岸而独立的形象

C　按英雄一般伟岸而独立的形象　　　　D　与英雄这样伟岸而独立的形象

第二组（题型Ⅱ）

71. 那时天气是很热，即使在山上，也觉得并不凉爽。
A　B　C　D

72. 陕北的民歌多半都有一种忧伤的调子，但是一唱起来，人就快活了。
A　B　C　D

73. 由于适应了多数人的需要，大型超市的生意确实非常火暴，特别是节假日。
A　B　C　D

74. 夜已经深了，车厢里人大都沉沉睡去，连过道上站着的人也在打盹儿。
A　B　C　D

75. 十年漂泊在外，只要一想到老家的一切，我的眼泪就止不住往下流。
A　B　C　D

76. 时间如牛蹄一样一踢一踏走过去，夜已经深得如一眼干枯无底的井。
A　B　C　D

77. 月亮升到当头了，连地上爬着的小蛐蛐张扬的翅膀都闪着银白白的光。
A　B　C　D

78. 马是瘦马，并且有些老了，走起路来就 难免慢慢腾腾的。
A　B　C　D

79. 那片树丛里有一棵粗壮的白桦树，它四散的枝叶像一把巨伞，带来一大块阴凉。
A　B　C　D

80. 在如此低的气温下，如果鸟儿伸开翅膀，翅膀立刻 就会被冻脆。
A　B　C　D

81. 您别急，就算现在要往回赶，也得走上一天一夜呢。
A　B　C　D

82. 生活如战场，假如你已坚定地确认了自己的奋斗目标，就要紧紧锁定它。
A　B　C　D

83. 现在，大家基本都已经不用笔写作，电脑成为所有人密不可分的工作伴侣。
A B C D

84. 那些被雷击倒的风干树木以及被风吹折的枝丫，都是上等的好柴。
A B C D

85. 这次事故发生得实在太突然了，让所有的人都大为吃惊。
A B C D

86. 其实这首歌尽管堪称质朴无华，但并没有很强的感染力。
A B C D

87. 即便现在，我也不敢说自己已经理解了它那几行平淡至极的歌词。
A B C D

88. 他从一个孩子的角度，尖锐地表达了一个弱小种类对强权世界的激烈看法。
A B C D

89. 生日那天晚上，看到大家提前给我准备的蛋糕和各种礼物，我感动地流下泪来。
A B C D

90. 友谊是一棵纯粹个人栽植的情感树，树上只结一个果子，叫做信任。
A B C D

91. 他似乎天生就有这方面的潜质，不仅记忆力很好，而且对各种业务也熟悉得很快。
A B C D

92. 工作基本就是如此，虽然 很简单、单调，但是必不可少。
A B C D

93. 我们不能因为自己以前没有尝试过，就没有勇气去实践新东西、新想法。
A B C D

94. 这首歌谣不仅生动形象，而且朗朗上口，没几天就在街上流传开来。
A B C D

95. 像那个时代的很多人一样，妈妈也是一个渴望读书的人。
A B C D

96. 父亲的意外去世，使家里不但失去了顶梁柱，还欠下了一笔不小的债务。
A B C D

97. 已经是 下半夜了，店里一个顾客也没有，只有几个服务员在摆放桌椅，清理垃圾。
A B C D

98. 虽然豪情万丈，但是从一个北大学生到合格军人的转变过程一开始并不顺畅。
A B C D

99. 你们俩别争了，只要查一查最权威的字典，就知道谁对谁错了。
A B C D

100. 在外地时，我一直渴望得到家庭的温暖，哪怕只是丈夫或儿子一句亲切的问候。
A B C D

101. 尽管医生给出了一个很确切的诊断结果，但是家人依然 无法接受这个事实。
A B C D

102. 日本一项调查研究显示，大学升学率因家庭收入不同呈现较大差距。
A B C D

103. 对于任何一个国家来说，能够举办像奥运会这样的大型赛事，无疑是令人激动的。
　　　　A　　　　　　　　　　　　　　　　B　　　C　　　　D

104. 白大夫时常 为我们上课，哪怕只有两三个人在场听课，他都讲得非常认真。
　　　　　A　B　　　　　　　　　　C　D

105. 她看上去虽然有些忧伤，但是美丽的面庞却让整条街都亮起来了。
　　　　　A　B　　　　　　　　C　　　D

第二部分

【答题指南】

第二部分试题为1道，为提高考生应试能力，帮助考生取得理想成绩，我们在这里编制了7道题供大家练习。

给条件作文答题时间为35分钟，作文字数不少于350字。

给条件作文主要考查考生的书面表达能力，看其是否掌握了记叙文、议论文、说明文等不同体裁文章的写作方式。

给条件作文一般有句首语写作、提示性写作、看图写作几种题型。这几种题型实际上都是对作文提出了一个写作思路，应注意这些条件。

句首语写作在一段开头给出一句或几句话，考生根据题目与开头语的内容与要求接着写。考生接续时首先要考虑续写内容如何与给出的句首语衔接好，然后再组织语言。

提示性写作包括开头给出一段话考生续写下去、给出一个主题内容考生进行扩写、给出写作提纲考生按照提纲线索写作、写读后感、书信写作等形式。考生可以充分利用所给出的语言信息对其进行相应的加工、修改与补充。

看图写作由于给出的是一幅画或一组图示，要求考生根据图示内容及提示加上题目、写出作文，所以大家要很好地理解图示，充分展开想象力，并注意图示之间的逻辑关系。

写作过程中如果考生的汉语功底不是很好，可以根据自己的程度尽量简单表述，减少修饰成分，只要达意即可，有几点还要特别注意：

(1)卷面字迹清楚、书写正确，标点符号尽量无误。

(2)尽量保持作文整体内容的连贯、完整。

(3)尽量不出现词语、语法等语言错误，避免逻辑错误。

1.

作文提示：

请以“我的老师”为题写一篇短文。你需要按照文章开始第一句话的意思写下去，并在给出的文章结尾句前结束，使全文内容保持一致。全篇文章不得少于350字(不包括已给出的提示语句)。

1.

我的老师

从小学到中学，有许多位老师教过我，其中给我印象最深的是现在我的理想是当一名教师，我希望自己也能像他一样热爱学生，为祖国的教育事业鞠躬尽瘁，死而后已！

2.

作文提示:

有一天,周恩来总理请理发师为自己理发、刮胡须,理发师正认认真真地给周总理刮胡须的时候,总理突然咳嗽了一下,结果刮胡刀刮破了总理的脸。理发师非常紧张,不知如何是好,周总理则很平静、和蔼地对他说:"这并不怪你,我咳嗽前没有向你打招呼,你怎么知道我要动呢?"听完周总理宽容的话语,理发师深受感动。

请围绕上面的小故事写一篇读后感,题目自定,全篇文章不得少于350字。

3.

作文提示：

怎样预防流行性感冒

流行性感冒俗称流感，是一种季节性疾病，一般在冬季发病率较高。

流感的特点是经常性的、难以预测的，且易合并肺炎等病症，严重者甚至会导致死亡。因此，预防流感就变得非常重要，除定期接种流感疫苗外，还要注意个人卫生习惯，居室多通风，尽量避免到公共场所，日常饮食要注意营养搭配均衡，保证睡眠充足，坚持户外运动。

阅读上面的短文，看清题目，然后把它扩写成350字以上的文章。

怎 样 预 防 流 行 性 感 冒

4.

作文提示：

请以“我最喜欢的植物”为题写一篇短文，要求从植物的外形、习性、功用三个方面进行说明。请看清题目，并按照每段开头所给出的话语写下去，全篇文章内容不得少于350字（不包括已给出的提示语句）。

我最喜欢的植物

每个人都有自己喜欢的植物，我最喜欢的植物是

我喜欢它，

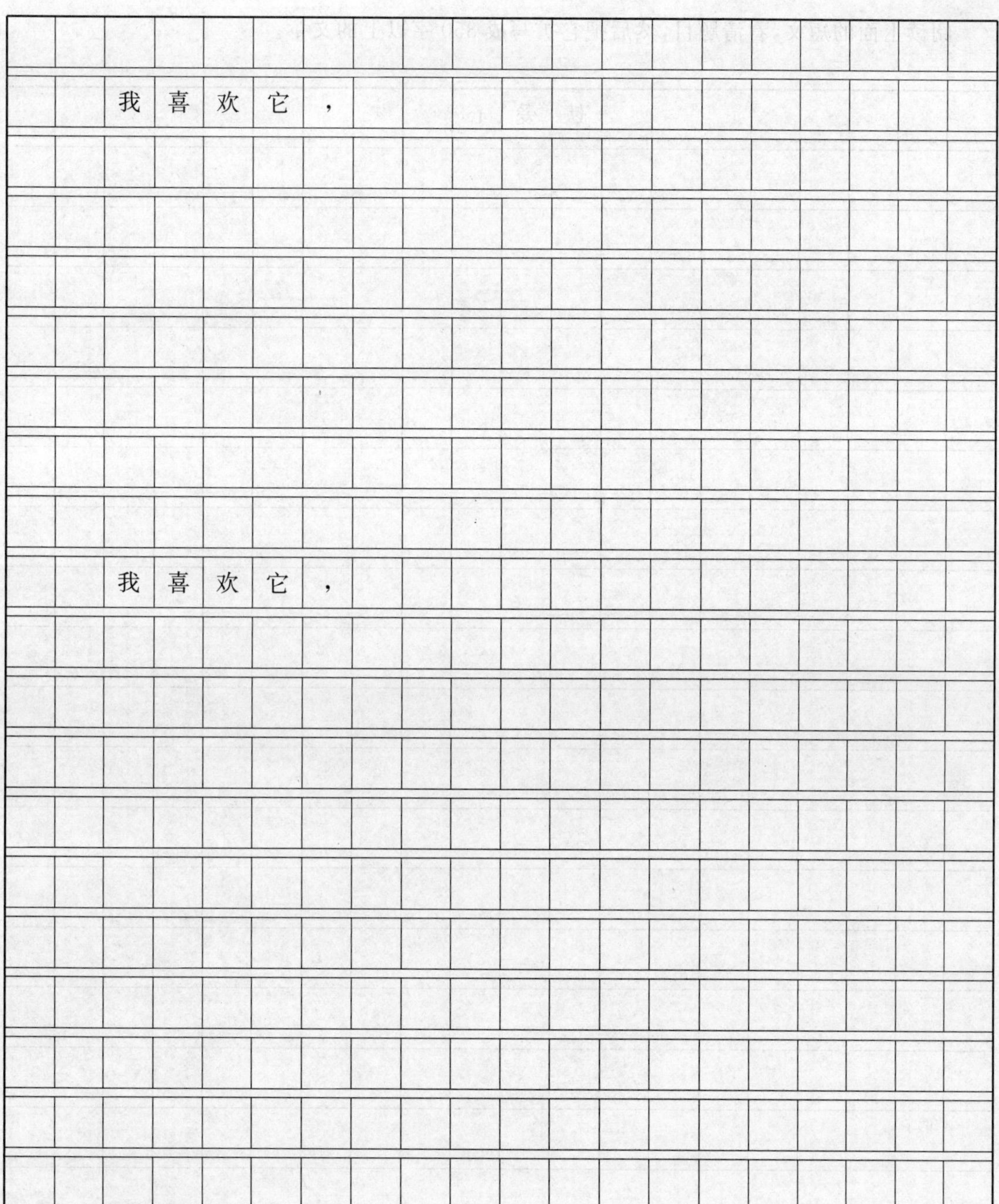

5.

作文提示：

献爱心

2008 年 5 月 12 日，四川汶川等地区发生了大地震。

丽丽是一名四年级小学生，她要把过年时爷爷奶奶给她的 1000 元压岁钱捐给灾区。丽丽妈妈非常支持。

5 月 17 日一大早，丽丽和爸爸、妈妈来到中国红十字会捐出了 1000 元钱。红十字会的阿姨夸奖丽丽是一名有爱心的少先队员。

阅读上面的短文，看清题目，然后把它扩写成350字以上的文章。

献爱心

6.

作文提示：

由于地球不断运动和变化，逐渐积累了巨大的能量，在地壳某些脆弱地带，造成岩石突然破裂或者引发原有断层的错动，这就是地震。地震发生时，会引起震源及其附近物质发生物理、化学、生物、气象等一系列变化，这些自然界的奇异变化被称为“宏观异常”，诸如鸡飞狗跳、地下水位升降，等等。

请根据上面一段话的提示，以“地震来临时如何自救”为题写一篇短文。请看清题目，并按照每段开头所给出的话语写下去，全篇文章内容不得少于350字(不包括已给出的提示语句)。

地震来临时如何自救

地震是

如果我们在教室里、楼房中，

如果我们是在人多的商店里，

　　如果一旦我们被埋在废墟里，

7.
作文提示：

请以“最快乐的事”为题，写一篇记叙文。请看清题目，接着文中给出的话语写下去，全篇文章内容不得少于350字（不包括已给出的提示语句）。

最快乐的事

　　我的生活中有许多快乐的事，其中最快乐的事就是

计时练习

【答题指南】

本部分计时练习题共4组，考生应在做完分项练习题，有了一定的基础和经验之后再做，这部分内容主要训练考生答题的时效性，做练习时一定要在规定的时间内完成。完成后可对照给出的答案再进行针对性训练。

◇一、听力理解(共四组)◇

第一组

(40题，约30分钟)

第一部分

说明：1～15题，这部分试题，都是两个人的简短对话，第三个人根据对话提出一个问题，请你在四个书面答案中选出唯一恰当的答案。

例如：第8题，你听到：

第一个人说：……

第二个人说：……

第三个人问：……

你在试卷上看到四个答案：

A 衬衫　**B** 毛衣　**C** 裤子　**D** 鞋子

第8题唯一恰当的答案是**C**，你应该在答题卡上找到号码8，在字母**C**上画一横道。横道一定要画得粗一些，重一些。

8 [**A**] [**B**] ■ [**D**]

1. A 外国人
   B 法国人
   C 中国人
   D 不清楚

2. A 主人
   B 客人
   C 妻子
   D 孩子

3. A 开车
   B 骑车
   C 加班
   D 锻炼

4. A 电视剧
   B 编剧停工
   C 增加薪水
   D 工作辛苦

5. A 商店
   B 教室
   C 考试
   D 考场

6. A 球
   B 肩膀
   C 风景
   D 灰

7. A 小学生
B 中学生
C 高中生
D 大学生

8. A 鸡蛋
B 蛋壳
C 人造鸡蛋
D 蛋黄

9. A 电视剧
B 电影
C 好吃的菜
D 旧电视

10. A 东西
B 包装
C 精力
D 心情

11. A 生病了
B 请假了
C 放假了
D 旷课了

12. A 很好
B 不好
C 环保
D 不方便

13. A 朗诵会很成功
B 朗诵会时间太短
C 老演员不多了
D 老演员很难得

14. A 很忧愁
B 很忙乱
C 很烦恼
D 很复杂

15. A 茶
B 汤
C 咖啡
D 可乐

第二部分

说明：16～40 题，在这部分试题中，你将听到几段简要的对话或讲话。每段话之后，你将听到几个问题，请你在四个书面答案中选出唯一恰当的答案。

例如：第 25～27 题，你听到：

第一个人说：……

第二个人说：……

……

第三个人根据这段对话提出 3 个问题：

25. 问：……

你在试卷上看到四个答案：

A 饭馆　**B** 邮局　**C** 商店　**D** 路口

根据对话，第 25 题唯一恰当的答案是 **A**，你应该在答题卡上找到号码 25，在字母 **A** 上画一横道。横道一定要画得粗一些，重一些。

25 ▬ [**B**] [**C**] [**D**]

……

你又听到：

27. 问：……

你在试卷上看到四个答案：

A 寄信　**B** 打电话　**C** 取包裹　**D** 买报纸

根据对话，第 27 题唯一恰当的答案是 **D**，你应该在答题卡上找到号码 27，在字母 **D** 上画一横道。横道一定要画得粗一些，重一些。

27 [**A**] [**B**] [**C**] ▬

如果是一段讲话，在播放完讲话后，提出几个问题。

16. A 帮助
B 信任
C 永恒
D 关心

17. A 家人
B 同事
C 朋友
D 爱人

18. A 是
B 不是
C 不愿意
D 不知道

19. A 刚放假
B 刚开学
C 学期中
D 学期末

20. A 海南
B 海边
C 老家
D 朋友家

21. A 看父母
B 结婚
C 妹妹结婚
D 朋友结婚

22. A 女的
B 爱人
C 孩子
D 朋友

23. A 书店老板
B 同学
C 保安
D 老师

24. A 很伤心
B 很开心
C 很生气
D 很遗憾

25. A 1点
B 3点
C 4点
D 8点

26. A 重大火灾
B 交通事故
C 航空事故
D 游船事故

27. A 美国
B 中国
C 香港
D 上海

28. A 20人
B 17人
C 15人
D 10人

29. A 春节
B 元旦
C 圣诞节
D 国庆节

30. A 巴黎
B 纽约
C 北京
D 华盛顿

31. A 英国
B 法国
C 加拿大
D 美国

32. A 音乐会
B 发行邮票
C 游行表演
D 联欢会

33. A 猫
B 熊
C 熊猫
D 老虎

34. A 台南
B 台北
C 北京
D 四川

35. A 不太适应
B 相当适应
C 很紧张
D 很急躁

36. A 120万
B 1200万
C 12万
D 2100万

37. A 发帖人
B 孩子的妈妈
C 发帖人的儿子
D 儿子的同学

38. A 工资
B 奖金
C 压岁钱
D 捡到的

39. A 10岁
B 12岁
C 15岁
D 18岁

40. A 取消压岁钱
B 自然发展
C 记账消费
D 树立消费观

第二组

（40 题，约 30 分钟）

第一部分

说明：1～15 题，这部分试题，都是两个人的简短对话，第三个人根据对话提出一个问题，请你在四个书面答案中选出唯一恰当的答案。

例如：第 8 题，你听到：

第一个人说：……

第二个人说：……

第三个人问：……

你在试卷上看到四个答案：

A 衬衫　**B** 毛衣　**C** 裤子　**D** 鞋子

第 8 题唯一恰当的答案是 **C**，你应该在答题卡上找到号码 8，在字母 **C** 上画一横道。横道一定要画得粗一些，重一些。

8 ［**A**］ ［**B**］ ■ ［**D**］

1. A 母亲
   B 老家
   C 学校
   D 小路

2. A 春
   B 夏
   C 秋
   D 冬

3. A 妈妈家
   B 爸爸家
   C 岳父岳母家
   D 朋友家

4. A 女儿
   B 朋友
   C 学生
   D 同事

5. A 调查
   B 访问
   C 谈话
   D 教育

6. A 狼
   B 熊
   C 兔
   D 骆驼

7. A 各种食品
   B 流行服装
   C 日常用品
   D 旅途用品

8. A 时装表演
   B 电视剧
   C 演唱会
   D 电影

9. A 毛线
   B 毛衣
   C 上衣
   D 玩具

10. A 无聊
    B 刺激
    C 令人生气
    D 不太清楚

11. A 不会包饺子
B 不想包饺子
C 速冻的好吃
D 速冻的便宜

12. A 师生关系
B 上下级关系
C 同事关系
D 朋友关系

13. A 上学
B 打工
C 春运
D 上班

14. A 不在名单上
B 在名单上
C 老师读错了
D 老师写错了

15. A 短信
B 邮件
C 电话
D 贺卡

第二部分

说明：16～40 题，在这部分试题中，你将听到几段简要的对话或讲话。每段话之后，你将听到几个问题，请你在四个书面答案中选出唯一恰当的答案。

例如：第 25～27 题，你听到：

第一个人说：……

第二个人说：……

……

第三个人根据这段对话提出 3 个问题：

25. 问：……

你在试卷上看到四个答案：

A 饭馆　**B** 邮局　**C** 商店　**D** 路口

根据对话，第 25 题唯一恰当的答案是 **A**，你应该在答题卡上找到号码 25，在字母 **A** 上画一横道。横道一定要画得粗一些，重一些。

25 ■ [**B**] [**C**] [**D**]

……

你又听到：

27. 问：……

你在试卷上看到四个答案：

A 寄信　**B** 打电话　**C** 取包裹　**D** 买报纸

根据对话，第 27 题唯一恰当的答案是 **D**，你应该在答题卡上找到号码 27，在字母 **D** 上画一横道。横道一定要画得粗一些，重一些。

27 [**A**] [**B**] [**C**] ■

如果是一段讲话，在播放完讲话后，提出几个问题。

16. A 暖和
B 寒冷
C 干燥
D 湿润

17. A 雪灾
B 水灾
C 旱灾
D 火灾

18. A 可以取暖
B 不环保
C 很危险
D 浪费资源

19. A 男的的家
B 女的的家
C 男的的办公室
D 女的的办公室

20. A 花儿
B 书
C 人
D 蝴蝶

21. A 出差了
B 不要了
C 养不好了
D 开花儿了

22. A 不怎么样
B 一般
C 很好
D 不清楚

23. A 北京人
B 北方人
C 南京人
D 南方人

24. A 天气干燥
B 东西容易发霉
C 天天下雪
D 衣服容易晒干

25. A 回忆
B 摆脱
C 解脱
D 解说

26. A 丈夫
B 孩子
C 少妇
D 船夫

27. A 很开心
B 还是伤心
C 回心转意
D 没有信心

28. A 现实是残酷的
B 过去是美好的
C 生活中有很多好人
D 痛苦和烦恼来自过去

29. A 马
B 牛
C 驴
D 骡

30. A 阴冷
B 潮湿
C 炎热
D 温暖

31. A 树阴下
B 房檐下
C 伞下
D 驴影子下

32. A 旅客
B 主人
C 驴
D 没有人

33. A 饮食
B 减肥
C 东西方差异
D 营养

34. A 节食
B 有氧锻炼
C 健康食谱
D 抽脂

35. A 有氧锻炼
B 健康食谱
C 节食
D 抽脂

36. A 花费很低
B 花费较高
C 效果不好
D 中国人不喜欢

37. A 运动场
B 健身房
C 体育场
D 舞蹈房

38. A 有氧运动
B 无氧运动
C 室内运动
D 室外运动

39. A 个人运动
B 集体运动
C 双人运动
D 团体运动

40. A 男性群体
B 女性群体
C 中年群体
D 老年群体

第三组

（40 题，约 30 分钟）

第一部分

说明：1～15 题，这部分试题，都是两个人的简短对话，第三个人根据对话提出一个问题，请你在四个书面答案中选出唯一恰当的答案。

例如：第 8 题，你听到：

第一个人说：……

第二个人说：……

第三个人问：……

你在试卷上看到四个答案：

A 衬衫 **B** 毛衣 **C** 裤子 **D** 鞋子

第 8 题唯一恰当的答案是 **C**，你应该在答题卡上找到号码 8，在字母 **C** 上画一横道。横道一定要画得粗一些，重一些。

8 ［**A**］ ［**B**］ ■ ［**D**］

1. A 富裕了
B 落后了
C 变化了
D 通车了

2. A 商店
B 奶酪店
C 蛋糕店
D 超市

3. A 跳舞
B 唱歌
C 写字
D 逛街

4. A 夫妻之间
B 母子之间
C 婆媳之间
D 朋友之间

5. A 喜欢
B 厌恶
C 客气
D 漠视

6. A 不理解
B 不赞成
C 不同意
D 不反对

7. A 很爱吃
   B 不放心
   C 很挑剔
   D 很放心

8. A 朋友介绍
   B 同学介绍
   C 自己认识
   D 偶然认识

9. A 很友好
   B 很热情
   C 很反感
   D 很同情

10. A 反对
    B 质疑
    C 赞同
    D 无所谓

11. A 老师
    B 家长
    C 学生
    D 教练

12. A 事办成了
    B 事没办成
    C 下一次办
    D 碰到钉子

13. A 才艺好
    B 身体好
    C 品德好
    D 学习好

14. A 表扬
    B 批评
    C 开导
    D 讽刺

15. A 废品
    B 塑料
    C 旧衣服
    D 旧器具

第二部分

说明:16～40 题,在这部分试题中,你将听到几段简要的对话或讲话。每段话之后,你将听到几个问题,请你在四个书面答案中选出唯一恰当的答案。

例如:第 25～27 题,你听到:

第一个人说:……

第二个人说:……

……

第三个人根据这段对话提出 3 个问题:

25. 问:……

你在试卷上看到四个答案:

A 饭馆　**B** 邮局　**C** 商店　**D** 路口

根据对话,第 25 题唯一恰当的答案是 **A**,你应该在答题卡上找到号码 25,在字母 **A** 上画一横道。横道一定要画得粗一些,重一些。

25 ▇ [B] [C] [D]

……

你又听到:

27. 问:……

你在试卷上看到四个答案:

A 寄信　**B** 打电话　**C** 取包裹　**D** 买报纸

根据对话,第 27 题唯一恰当的答案是 **D**,你应该在答题卡上找到号码 27,在字母 **D** 上画一横道。横道一定要画得粗一些,重一些。

27 [A] [B] [C] ▇

如果是一段讲话,在播放完讲话后,提出几个问题。

16. A 不爱吃
B 不饿
C 没时间
D 嗓子疼

17. A 星期四
B 星期五
C 星期六
D 星期天

18. A 男的
B 朋友
C 男的的女朋友
D 男的的家人

19. A 很兴奋
B 很激动
C 很疲劳
D 很无助

20. A 刚会爬
B 刚会走路
C 刚会跑
D 刚会说话

21. A 篮球
B 剪刀
C 钉子
D 纽扣

22. A 这个周末
B 下周一
C 下周三
D 现在

23. A 办结婚证
B 办身份证
C 办学生证
D 办听课证

24. A 休息
B 不休息
C 休息半天
D 不知道

25. A 月饼
B 元宵
C 汤圆
D 饺子

26. A 开水
B 冷水
C 温水
D 热水

27. A 解冻
B 易熟
C 不粘锅
D 挑选

28. A 旺火
B 文火
C 先旺后文
D 先文后旺

29. A 空手道
B 太极道
C 跆拳道
D 泰拳道

30. A 日本
B 中国
C 欧洲
D 韩国

31. A 自卫功效
B 比赛功效
C 艺术功效
D 教育功效

32. A 属于
B 不属于
C 正申请
D 暂时属于

33. A 汽车
B 火车
C 飞机
D 轮船

34. A 春节前
B 春节假期
C 春节假后
D 国庆节后

35. A 机票
B 酒店
C 旅游
D 食品

36. A 上涨
B 下降
C 平稳
D 调整

37. A 文化局
B 旅游局
C 卫生局
D 工商局

38. A 三星
B 四星
C 五星
D 普通

39. A 一天一换
B 一周一换
C 一客一换
D 一家一换

40. A 北京
B 上海
C 广州
D 西安

第四组

（40 题，约 30 分钟）

第一部分

说明：1～15 题，这部分试题，都是两个人的简短对话，第三个人根据对话提出一个问题，请你在四个书面答案中选出唯一恰当的答案。

例如：第 8 题，你听到：

第一个人说：……

第二个人说：……

第三个人问：……

你在试卷上看到四个答案：

A 衬衫　**B** 毛衣　**C** 裤子　**D** 鞋子

第 8 题唯一恰当的答案是 **C**，你应该在答题卡上找到号码 8，在字母 **C** 上画一横道。横道一定要画得粗一些，重一些。

8 ［**A**］ ［**B**］ ■ ［**D**］

1. A 认真
   B 严肃
   C 不在乎
   D 放在心上

2. A 看不起
   B 很羡慕
   C 很同情
   D 很赞同

3. A 男的
   B 女的
   C 他们的女儿
   D 别人的女儿

4. A 青菜
   B 肉
   C 维生素
   D 蛋白质

5. A 童话
   B 寓言
   C 小说
   D 诗歌

6. A 丘陵
   B 平原
   C 山区
   D 高原

7. A 自行车
   B 电动车
   C 汽车
   D 火车

8. A 年轻
   B 漂亮
   C 高收入
   D 有品位

9. A 食品
   B 玩具
   C 化妆品
   D 日用品

10. A 图书馆
    B 自习室
    C 宿舍
    D 商店

11. A 最高温度
B 最低温度
C 气温
D 温差

12. A 元旦
B 春节
C 圣诞节
D 中秋节

13. A 前几天
B 过几天
C 刚刚
D 还没

14. A 理财
B 美容
C 学术
D 先进事迹

15. A 紧张
B 生气
C 不在乎
D 着急

第二部分

说明：16～40 题，在这部分试题中，你将听到几段简要的对话或讲话。每段话之后，你将听到几个问题，请你在四个书面答案中选出唯一恰当的答案。

例如：第 25～27 题，你听到：

第一个人说：……

第二个人说：……

……

第三个人根据这段对话提出 3 个问题：

25. 问：……

你在试卷上看到四个答案：

A 饭馆 **B** 邮局 **C** 商店 **D** 路口

根据对话，第 25 题唯一恰当的答案是 **A**，你应该在答题卡上找到号码 25，在字母 **A** 上画一横道。横道一定要画得粗一些，重一些。

25 ■ [B] [C] [D]

……

你又听到：

27. 问：……

你在试卷上看到四个答案：

A 寄信 **B** 打电话 **C** 取包裹 **D** 买报纸

根据对话，第 27 题唯一恰当的答案是 **D**，你应该在答题卡上找到号码 27，在字母 **D** 上画一横道。横道一定要画得粗一些，重一些。

27 [A] [B] [C] ■

如果是一段讲话，在播放完讲话后，提出几个问题。

16. A 聊天儿
B 订餐
C 看电影
D 打电话

17. A 吃饭
B 看电影
C 吃西餐
D 逛街

18. A 坐公交车
B 走路
C 搭车
D 开车

19. A 外语
B 网络语言
C 陌生语言
D 新语言

20. A 数字型
B 字母型
C 简化型
D 组合型

21. A 骂人
B 笑话人
C 批评人
D 同情人

22. A 在哪里
B 从哪里来
C 无法理解
D 真聪明

23. A 大风
B 晴天
C 阴天
D 降水

24. A 山东
B 河北
C 山西
D 河南

25. A 电灯
B 灯笼
C 彩灯
D 照明灯

26. A 节能
B 环保
C 漂亮
D 鲜艳

27. A 猜灯谜
B 吃元宵
C 比花灯
D 舞旱船

28. A 食品盒
B 旧挂历
C 宣传画
D 塑料桶

29. A 经济情况
B 年龄情况
C 文化状况
D 社会问题

30. A 没有信心
B 埋怨
C 依赖
D 关心

31. A 20岁～25岁
B 20岁～35岁
C 30岁～35岁
D 35岁～45岁

32. A 更浪费
B 更节省
C 更简单
D 更热闹

33. A 童话
B 寓言
C 散文
D 历史

34. A 游客
B 船夫
C 船桨
D 老人

35. A 船
B 帆
C 桨
D 锚

36. A 船夫太懒惰了
B 风没有诚信
C 凡事都要靠自己努力
D 船离不开桨

37. A 香港
B 新加坡
C 日本
D 泰国

38. A 两岁
    B 五岁
    C 七岁
    D 九岁

39. A 随便
    B 不随便
    C 有时可以
    D 不清楚

40. A 第一名
    B 前三名
    C 前五名
    D 前十名

◎ 二、阅读理解(共四组)◎

第一组

(40题,45分钟)

说明:1～40题,每段文字后都有几个问题,每个问题都有ABCD四个答案,请阅读后根据每题要求选择唯一恰当的答案,并在答卷相应字母上画一横道。

1

为迎接第十一届全运会的举行,位于济南郊区的奥林匹克体育中心目前正在进行紧张施工,计划将于今年年底完工。该体育中心主体育场可容纳6万人。

【1】文中画线词拼音正确的一个是:

A 举行(jǔxíng) B 施工(shígōng)

C 计划(jìhuá) D 容纳(róngnèi)

2

专家对1700多人进行了调查,询问了他们对生活的满意程度以及他们的友谊状况。他发现拥有5名朋友或者不足5名朋友的人,快乐机会只有40%。拥有10名朋友的人感觉快乐多于不快乐。最快乐的是那些拥有很多朋友的人。

【2】从这段话中我们可以知道:

A 人快乐的机会只有40% B 人都拥有很多朋友

C 朋友越多越快乐 D 40%的人有5名朋友或者不足5名朋友

3～5

中国拥有世界上最大的网民群体,人数达2.53亿,很多年轻网民对网络赌博上瘾。大城市和偏远村庄的网吧里挤满年轻人。在与游戏对手进行网上搏斗时,他们像是被粘在了屏幕上,一刻也不离开。研究指出,中国上网成瘾的人平均每天上网6.13小时,这一数据与美国的6.14小时正好__3__。

【3】文中__3__处应该填写的词语是:

A 符合 B 合理 C 合同 D 合格

【4】文中“网民”指的是:

A 上网赌博的人 B 上网的年轻人

C 经常上网的人 D 每天上网6.13小时的人

【5】文中提到的“瘾”的意思是:

A 一种疾病 B 对一种事情很感兴趣

C 做一种事情很有经验 D 做一件事情做得很好

6～7

从内容上来看,这是一本劝告员工如何敬业和勤奋的书籍,然而(6)一个世纪以来,却在更为广泛的领域被人们所应用。《致加西亚的信》中的故事发生在1898年,但是故事中所__7__的精神,成了一代代领导者的信念。

【6】可以替换文中的画线部分“然而”的词语是:

A 因而 B 因为 C 但是 D 然后

【7】文中__7__处应该填写的词语是：

A 表明　B 表面　C 表情　D 表达

8～10

蒙牛重新上架的牛奶__8__了多轮严格检测。“三鹿奶粉事件”发生之后，香港食品管理局从9月16日起，对市场上的含乳食品__9__了每日检测、每日__10__的制度。

【8】文中__8__处应该填写的词语是：

A 经济　B 经历　C 经营　D 经理

【9】文中__9__处应该填写的词语是：

A 实行　B 实际　C 实验　D 实用

【10】文中__10__处应该填写的词语是：

A 公布　B 公正　C 公平　D 公用

11～12

中国父母最希望子女__11__的职业：教师、科学家、医生分别以53.6%、51.2%和38.4%的__12__排在职业声望较高的前三位，紧随其后的是法官、企业家或政府官员。

【11】文中__11__处应该填写的词语是：

A 从此　B 事务　C 从而　D 从事

【12】文中__12__处应该填写的词语是：

A 比例　B 比如　C 比喻　D 比方

13～14

为我国北方地区提供水源的黄河有三分之一的河水受到工业垃圾的重度污染。黄河养育的地区长期以来都缺水，__13__工厂却非常多。由于工厂排放物增多，导致黄河水位下降，水质在最近几年快速__14__。

【13】文中__13__处应该填写的词语是：

A 然后　B 仍然　C 然而　D 虽然

【14】文中__14__处应该填写的词语是：

A 恶化　B 恶心　C 恶劣　D 凶恶

15～18

周末讲座

中关村图书大厦五层多功能厅

11月22日

8:30“高三家长一年该做哪些准备”讲座

13:30“老年人保健”讲座

15:30“__15__语言的魅力——如何演讲”讲座

11月23日

13:30“如何预防感冒”讲座

百万庄图书大厦地下一层多功能厅

11月22日

13:30“填报志愿的基础知识和理念”讲座

11月23日

9:30“健康管理方案”讲座

14:30新东方高考语文项目主力教师主讲“高考语文作文高分攻略”系列讲座（一）

【15】文中___15___处应该填写的词语是：

A 感动　　B 感激　　C 感受　　D 感觉

【16】下面哪个时间的讲座与高考有关系？

A 11月23日13:30　　B 11月22日8:30

C 11月23日9:30　　D 11月22日15:30

【17】准备参加高考学生的家长有几场讲座可以听？

A 7场　　B 5场　　C 4场　　D 3场

【18】《周末讲座》是一份：

A 广告　　B 信函　　C 通知　　D 计划

19～21

参加2009年北京高考的美术类考生将首次被要求参加全市美术统考。今年的考生必须按规定时间和要求参加2009年高考网上报名并进行报名资格确认，在网上填写报名信息时选择是否参加美术统考。网上报名时间为12月1日8时至12月7日22时，报名网址是：北京教育考试院网站 www.bjeea.cn。届时(19)，考生还需要网上支付高考报名考试费和美术统考报名考试费。网上报名和支付相关费用后，考生参加美术统考的信息将不能再更改。美术统考的具体考试时间为2009年1月3日(星期六)。考试地点包括首都师范大学、北京工业大学、北京服装学院、北京城市学院。考生的考试具体地点由北京教育考试院统一随机编排。

【19】文中的画线部分"届时"的意思是：

A 到时候　　B 而且　　C 但是　　D 同时

【20】下面哪一项文中没有提到？

A 高考报名的时间　　B 美术统考的时间

C 高考的考试地点　　D 美术统考的地点

【21】美术类考生报名时，需要做的事情不包括：

A 选择参加美术统考

B 网上报名

C 选择具体的考试地点

D 网上支付高考报名考试费和美术统考报名考试费

22～24

北京市民办学校义务教育阶段的农民工子女也将被免除学杂费。北京市教委相关负责人___22___，此次免除学杂费的标准，依照公立学校学杂费标准免除，即小学每学年学杂费160元，初中每学年学杂费260元。北京市教委将采取措施引导农民工子女到公办学校和经审批合格的民办学校就读，这样即可享受学杂费减免政策。此次享受义务教育阶段免除学杂费的经费，第一年将由市级财政全额负担，今后，市政府还将设立专项资金，用于免除城市义务教育阶段农民工子女学杂费。

【22】文中___22___处应该填写的词语是：

A 表达　　B 表彰　　C 表示　　D 表情

【23】下面说法不正确的是：

A 义务教育阶段是指小学和初中

B 北京市公立学校义务教育阶段的农民工子女学杂费已经免除了

C 所有民办学校义务教育阶段的农民工子女学杂费也将被免除

D 市政府采取了一些措施免除义务教育阶段农民工子女学杂费

【24】可以做这篇文章标题的一句是：

A　农民工子女上学免除学杂费

B　我国将免除义务教育阶段学杂费

C　城市义务教育阶段的农民工子女免交学杂费

D　北京市政府设立学杂费专项资金

25～27

《2008年全球性别差距报告》称，男女在接受教育和获得医疗保健的机会方面已经近乎平等，但是在就业机会、收入水平、政治参与和决策方面的差距依然很大。男女最平等的当属北欧国家。由于拥有一名女总统，菲律宾名列前茅，高居第6位。与去年相比，87个国家取得进步，由于在管理、技术岗位、部级官员等职位上男女分配的差距缩小，中国今年名列第57位，比去年上升了16位。与此相反，由于部级女性官员人数减少，男女薪水差距加大，2006年排名第5、2007年排名第7的德国今年排名第11位，连续3年下滑。英国也从2007年的第11位下降到今年的第13位。

【25】菲律宾排在第6位的原因是：

A　菲律宾是北欧国家　　B　菲律宾的总统是女性

C　菲律宾的男女近乎平等　　D　菲律宾的男女差距缩小了

【26】世界各国的男性和女性在哪些方面差距不太大？

A　找工作难易　　B　挣钱的多少

C　能否上大学　　D　能否在政治上有决定权

【27】关于男女差距的排名，正确的是：

A　与以往相比，所有的国家都取得了进步

B　中国比去年上升了57位

C　德国的排名比英国靠后

D　排名第1的是北欧国家

28～30

英国目前每年有9000人<u>死于</u>(29)与肥胖有直接关系的疾病。仅11岁到12岁之间的孩子中，就有三分之一体重超标。预计到2050年，全英国将有60%的人口进入肥胖者行列。肥胖已经成为英国面临的最大人口素质挑战，鼓励减肥计划方案的制定者认为，虽然该计划以全民减肥为目标，但是并非只有肥胖者才能受益。在方案实施过程中，大家可以形成健康的生活习惯。

【28】英国鼓励人民减肥，是因为：

A　每年有9000人因为太胖死掉了

B　大约40多年后，有60%的英国人是肥胖者

C　小孩子中三分之一的人太胖

D　可以让肥胖者形成健康的生活习惯

【29】文中的画线部分"死于"中的"于"的意思是：

A　由于　　B　在　　C　和　　D　可能

【30】下面哪句话能概括这段话的主要意思？

A　英国人太胖了　　B　英国面临的最大问题

C　英国实施减肥计划的原因　　D　英国减肥计划的目标

31～34

对于母亲来说，孩子的一个电话就能带去满足的幸福感。最近，德国的一个调查机构进行的"全球孩子给母亲打电话"的调查结果显示，印、中、德三国的母亲可能最幸福。大约72%的

德国人至少每周打一次电话给自己的母亲。而 32% 的人每天都要与妈妈通话。其中，14 岁至 29 岁的青少年与母亲之间的联系尤其紧密，40 岁至 49 岁之间的人稍有逊色。有意思的是，女儿明显更亲近妈妈，而儿子懒得经常打电话，可他们的母亲却时常主动打电话。印度和中国的母子情谊似乎更胜一筹，在通话频率上超过了德国人。德国的《读者文摘》杂志社说，中国人每天与母亲通话的达到 62%，列世界第一，每周通电话的为 20%。而印度人每天、每周通话的分别为 58% 和 35%。该杂志分析，亚洲人与母亲的电话交流明显高于欧美人，主要是亚洲人的家庭观念较重。该杂志呼吁全球孩子每天给妈妈打个电话。

【31】通过这篇文章，我们知道：

A　孩子给妈妈打电话时，妈妈会很高兴

B　男孩子的母亲懒得给自己的儿子打电话

C　大多数的德国人每天都要与妈妈通话

D　与青少年相比，40 多岁的人更喜欢给妈妈打电话

【32】“稍有逊色”和“更胜一筹”的意思是：

A　“颜色稍微有点儿不好”、“更大的胜利”

B　“稍微差一点儿”、“更好一点儿”

C　“稍微有点儿颜色”、“更大的胜利”

D　“稍微好一点儿”、“更好一点儿”

【33】哪种人更经常给妈妈打电话？

A　儿子　　B　欧美人　　C　中国人　　D　45 岁的人

【34】作者认为：

A　德国的妈妈最幸福　　B　中国人都很爱自己的妈妈

C　亚洲人不太看重家庭　　D　孩子和妈妈应该加强联系和交流

35～40

记　　者：以前有很多农民为了挣钱离开农村来到大城市。可是现在很多农民工正在返乡。您能给我们说说相关的情况吗？

政府官员：好的。截至去年年底，我国共有 2.26 亿农民工。因全球经济危机 __35__ 的企业破产、减员等原因，许多人开始返乡并寻找新的工作岗位。回乡创业风险小(36)，子女教育和社会保险问题容易解决，加上家乡情结，使得农民工返乡。离开家乡前往大城市的人潮被称为“民工潮”，返回家乡的人潮则被称为“返乡潮”。值得关注的是，返乡农民工掀起的创业热潮，是我国农村改革和经济发展的原动力。据统计，最近农民工中有 500 万人选择回乡创业，相当于乡镇企业总人数的 20%。农民工在大城市接触新思维和新技术之后回到家乡，这种创业潮将引发当地经济和生活方式的大变革，从而带来农村工业化和城市化水平的提高。有人甚至说，一名农民工外出打工带动全家致富，一名农民工返乡创业带动全村致富。

【35】文中 __35__ 处应该填写的词语是：

A　导致　　B　导演　　C　指导　　D　导弹

【36】替代文中的画线部分“回乡创业风险小”最好的一项是：

A　家乡的风很小　　B　回乡创业没有什么危险

C　回乡创业不用买保险　　D　回乡创业可能发生的危险比较少

【37】农民工返乡的原因不包括：

A　想念家乡　　B　孩子上学容易

C　大城市的企业不再需要那么多工人　　D　讨厌大城市

【38】通过这段文字，你觉得作者：

A　非常同情农民工

B　认为农民没有必要去大城市工作

C　认为农民工返乡可以促进农村经济的发展

D　不太了解我国的农民工的情况

【39】下面的说法正确的是：

A　经济危机发生后，农民工不愿意在大城市挣钱了

B　乡镇企业中的大部分工人是返乡的农民

C　最近“返乡潮”的人数是500万

D　农民工是为了孩子才回到家乡的

【40】如果给这段文字加一个标题，最好的是：

A　农民工正在返乡　　B　农民工返乡掀起农村创业潮

C　农民工为什么返乡　　D　“民工潮”走了，“返乡潮”来了

第二组

（40题，45分钟）

说明：1～40题，每段文字后都有几个问题，每个问题都有ABCD四个答案，请阅读后根据每题要求选择唯一恰当的答案，并在答卷相应字母上画一横道。

1

不用担心寒冬或盛夏给旅行带来的不便，夏天来避暑，冬天来滑冰，任何时间这里都会令您带着欢笑和留恋满载而归，快快融入这民族风情中来吧！

【1】文中画线词拼音正确的一个是：

A　担心（dànxīn）　　B　不便（bùpián）

C　避暑（pìshǔ）　　D　融入（róngrù）

2

人要靠自然食物调节自身，要尽量摄取自然形态的食物，多吃杂粮。小杂粮有独特的优势：种类多、生育期长，多种植于无污染源、工业极不发达的地方，尤其是高海拔地区，空气清新，环境干净，不用农药化肥，所以说小杂粮是天然安全的食品。

【2】通过这段文字，我们可以知道小杂粮：

A　种植时不能使用化肥和农药　　B　是人类的主要食物

C　产量很低　　D　小杂粮对人体很有好处

3～5

因每年春季有成群的大雁、仙鹤等候鸟在此栖息，故而这里得名雁栖湖。湖区气候宜人，湖水清纯碧蓝，是开展水上娱乐活动和休闲度假的理想场所，雁栖湖三面环山，南面是一望无际的华北平原，景色优美。雁栖湖游乐设施齐全，有碰碰车、水滑梯等项目，适合不同年龄的游客参与、娱乐。湖区周围有30多家宾馆、饭店，为中外宾客提供良好的食宿条件。

【3】雁栖湖的哪几个方向有山？

A　南面、东面、西面　　B　东面、西面、北面

C　东面、北面、南面　　D　南面、西面、北面

【4】文中没有提到雁栖湖的：

A 风景　　B 地理环境　　C 宾馆的数量　　D 面积

【5】下面哪句话可以做这段话的标题？

A 美丽的雁栖湖　　B "雁栖湖"名字的由来

C 休闲度假的好去处——雁栖湖　　D 怎样去雁栖湖

6～7

请您仔细核对商品种类、数量、规格是否符合您的要求，若有问题可以立即(6)向配送人员提出退货，若符合您的要求，请选择您喜欢的方式付款，请__7__好您的购物凭证。

【6】可以替换文中的画线部分"立即"的词语是：

A 即将　　B 尽快　　C 马上　　D 稍后

【7】文中__7__处应该填写的词语是：

A 保密　　B 保管　　C 保守　　D 保持

8～9

这个考试的报名活动目前已经在世界四十多个国家和地区__8__，考生均需前往考点报名，今年3月底将__9__网上报名。

【8】文中__8__处应该填写的词语是：

A 开展　　B 开辟　　C 开放　　D 开动

【9】文中__9__处应该填写的词语是：

A 实验　　B 实行　　C 实践　　D 实习

10～11

豆浆含有丰富的植物蛋白、维生素和铁、钙等矿物质，__10__是钙的含量，虽不及豆腐高，但比其他任何乳类食品都丰富，是防治高血脂、高血压等疾病的__11__食品。

【10】文中__10__处应该填写的词语是：

A 其余　　B 其次　　C 其中　　D 尤其

【11】文中__11__处应该填写的词语是：

A 理想　　B 理由　　C 理论　　D 合理

12～16

假期临近，渴望自由的您是否正在期待一次完美旅行呢？视康与携程一起，更为您的旅行增添精彩。凡购买视康隐形眼镜800元及以上者，便可获得价值500元的携程抵用券；购买500元及以上者，可获得200元携程抵用券。视康让你享受更多旅行优惠的__15__，更提供创新的隐形眼镜产品，解决旅行的后顾之忧。视康水润天天抛隐形眼镜拥有独特的保湿专利技术，在每一次眨眼时，都能释放独特的水润因子，让眼睛享受全天候的水润舒适。舒适氧隐形眼镜采用创新材质，大大提高了镜片的透氧量，即使长时间佩戴，眼睛也舒服自在，更时刻保护你的角膜健康。自由与轻快的旅行即在眼前，现在就来与视康一起，享受一段精彩的健康假期吧！

活动时间：2008年12月22日～2009年2月28日

具体零售店信息查询：www.dailies.com.cn

【12】"视康"与"携程"可能是：

A 两个眼镜品牌　　B 眼镜品牌和眼镜店

C 眼镜品牌和旅行公司　　D 旅行公司和眼镜品牌

【13】哪种眼镜可以保护角膜？

A 视康隐形眼镜　　B 视康水润天天抛隐形眼镜

C 舒适氧隐形眼镜　　　　　　　　D 携程眼镜

【14】购买隐形眼镜有什么优惠活动？

A 可以免费旅行

B 购买400元的隐形眼镜，可以获得价值200元的携程抵用券

C 购买创新的隐形眼镜产品，可以享受更多旅行优惠

D 购买1000元的隐形眼镜，可以获得价值500元的携程抵用券

【15】文中 15 处应该填写的词语是：

A 同时　　B 时刻　　C 时期　　D 时机

【16】这段文字是一则：

A 眼镜介绍　　B 眼镜广告　　C 旅行广告　　D 新闻消息

17～19

每一个离开过家乡的人，每一个有外乡人的市镇或乡村的居民，都曾经听见过跟自己说的话不一样的外乡话。在像上海这样“五方杂处”的城市，差不多每个人都有机会跟说外乡话的人打交道。外乡人彼此交谈的时候，多半用不纯粹的上海话，要是有说普通话的人来打听什么事情，他们也能对付一气。这些人家的孩子就跟大人有所不同了，他们的普通话说得比大人好，他们的上海话更地道，在他们的生活里，家乡话的用处越来越小了——这在一定程度上反映着全国人民至少是大城市居民既矛盾又统一的语言（口语）生活。

【17】下面“关于上海的外乡人”正确的是：

A 上海有很多外乡人

B 上海的外乡人不会说普通话

C 这些人家的孩子不会说自己的家乡话

D 差不多每个上海人都喜欢跟说外乡话的人交往

【18】“外乡话”：

A 是家乡话　　B 是普通话　　C 是上海话　　D 是非本地的话

【19】作者认为：

A 家乡话越来越没有用处

B 会说家乡话的人很少

C 大家的口语生活比较复杂是一个普遍现象

D 大家都喜欢上海话

20～22

阿尔迪是世界上数一数二的以经营食品为主的连锁商店、德国最大的食品连锁企业，年营业收入近300亿美元。在开业之初，经营者因没有充足的资金，店铺只能加以最简单的装修，只能采购有限种类的食品。因为没钱做广告，他们的商店只能靠低价来__20__客户。

幸运的是，他们发现，简单的装修和有限的品种并不影响他们的商店赚钱。商品的种类少，有利于控制商品的质量；另一方面，商品的总供应量少，而单个商品的年销售额大，可以利用大采购量来大幅度降低采购成本。阿尔迪和供应商签订的每份合同金额不少于50万欧元，大部分合同期限是10年，实惠的进货价格得以长期保持。因此他们把利润用在别处开同样的连锁店。

可见，真正的赚钱之道并没有多神秘，将简单的事做到不简单，创造滚滚财源便不再是梦想。

【20】文中__20__处应该填写的词语是：

A 欺骗　　B 吸收　　C 吸引　　D 招收

【21】根据全文的意思，下面哪种说法是错误的？

A 简单的装修使他们少赚了很多钱　　B 阿尔迪是很大的连锁商店

C 商品种类少可以控制质量　　D 阿尔迪有实惠的进货价格

【22】文中所说的“赚钱之道”是指：

A 把简单的事做到不简单　　B 到处开连锁店

C 找到实惠的进货价格　　D 控制商品的质量

23～25

越野行走是一种比散步更有效，比长跑更安全，介于走和跑之间的科学健身方法。越野行走就是用两支越野行走仗，在平路上步幅加大，速度加快的行走，使四肢同时得到锻炼。越野行走可以使颈部、肩部得到放松，增强手臂、胸背肌的力量，有效地消耗腰、腹、臀部的多余脂肪。执手仗行走健身每小时可消耗热量400卡路里，而普通散步只消耗280卡路里。越野行走还可以预防和治疗肩周炎，增强呼吸系统功能，改善血液循环，进一步提高人的耐力。更为重要的是，使用它可以保护膝关节。与普通行走相比，越野行走明显增加了运动负荷，所以能够提高心肺功能。越野行走有利于下肢受伤或动过手术的人在恢复期使用，也会减少哮喘病人发病，在挪威，政府甚至还积极建议孕妇产后为恢复身材而做越野行走活动。

【23】下面哪一项不属于越野行走的作用？

A 减肥　　B 治疗肩周炎　　C 锻炼呼吸系统　　D 保护视力

【24】普通行走和越野行走的不同是：

A 越野行走步子更大　　B 普通行走不能锻炼身体

C 普通行走不消耗卡路里　　D 越野行走实际上是跑

【25】这段文字主要概括了：

A 越野行走与普通行走的区别　　B 越野行走的作用

C 怎样进行越野行走　　D 越野行走的注意事项

26～29

巴黎以名人命名的街道非常多，左拉、雨果、卢梭统统“走上街头”；巴黎还“盛产”画家，于是莫奈、高更、毕加索也纷纷“上街”。在巴黎第17区，有一条路名叫欧金德卡大道。欧金德卡是一位雕塑家，他的浮雕《马赛曲》就镌刻在凯旋门上，艺术家常常隔世才被<u> 27 </u>，令人感叹。政治人物的大起大落，巴黎人在路名中就早已看尽了：丘吉尔、肯尼迪、林肯、列宁……巴黎几乎每年修正一次地图，而每次总有人被“除名”。有人开玩笑说，在巴黎买古董不如买地图，<u>巴黎的地图第二年就成古董了(28)</u>。

巴黎不愧为艺术之都，不仅路名有特色，路牌亦是标新立异。巴黎街头的路牌全部是用搪瓷做的，蓝底白字，样式精美，新颖大方。可能是太好看了，以至于路牌常常无缘无故地消失，成了收藏者的囊中之物。在巴黎，收藏路牌比集邮更赚钱，据悉希特勒曾到过的路的路牌已经升值到5位数美金了。只是这样一来，可苦了市政当局，不得不专设8名工作人员，每天巡查巴黎近万个路牌。

【26】关于巴黎的街道，正确的是：

A 经常有名人在街上走

B 欧金德卡住在巴黎第17区

C 很多街道是以政治家的名字命名的

D 街道名字很少变化

【27】文中<u> 27 </u>处应该填写的词语是：

A 决定　　B 肯定　　C 确定　　D 一定

【28】文中的画线部分“巴黎的地图第二年就成古董了”说明：

A 在巴黎买古董很方便　　B 巴黎的地图就是古董
C 巴黎的地图经常变化　　D 巴黎的地图很漂亮

【29】下面哪一项不是巴黎路牌经常丢失的原因？

A 制作精美　　B 很有收藏价值
C 巡查工作人员太少　　D 路牌指示方向不正确

30～34

如果把萝卜比成人，那在它的职业生涯中遇到的最大伯乐应该是武则天。有一年，洛阳进贡上来一根3尺长的巨型萝卜，深得武则天的欢喜。于是，她马上让御膳房最好的厨师将其烹制成菜肴，厨师将萝卜做成了一道味道独特鲜美的汤。女皇喝罢，连连称赞，并亲赐这道菜名为“假燕窝”。当然，如果把“假”改成“赛”就更加绝妙了。然而，这丝毫(33)不妨碍皇亲国戚、王公大臣们的追星热情。因为得到了皇帝的宠爱，萝卜一跃成为大宴中的重头菜，风光绝不亚于真燕窝。抛却追风的噱头不说，其实，这些已经吃惯了鸡鸭鱼肉的贵族们已经被萝卜特有的美味和清爽给俘虏了。至于民间对萝卜的喜爱，那时间就更早了。特别是在山东，山东人对萝卜向来有着很高的评价和认识。“烟台苹果莱阳梨，比不上潍县的萝卜皮”，由此可见萝卜的地位。盛产萝卜的青岛每年正月都会举行盛大的萝卜会，人们在集会上，卖萝卜、买萝卜、吃萝卜，萝卜是绝对的主角。

武则天只知道萝卜好吃，对它的营养价值肯定没有深入研究过。俗话说：“冬吃萝卜夏吃姜，不用医生开药方”，虽然事实上没这么夸张，但萝卜的营养功效在现代科学的研究中也相当了得，是名副其实的“土人参”。

【30】武则天喜欢萝卜是因为：

A 萝卜味道独特鲜美　　B 萝卜长得很好看
C 萝卜很有营养　　D 萝卜是药

【31】下面哪一项不是皇亲国戚喜欢萝卜的原因？

A 武则天喜欢　　B 平时吃鸡鸭鱼肉已经厌倦了
C 民间老百姓喜欢　　D 萝卜味道独特鲜美

【32】通过这段文字，我们可以知道什么？

A 武则天很喜欢吃人参　　B 王公大臣们很热衷于燕窝、人参等营养品
C 人参具有很高的营养价值　　D 山东人对苹果、梨和萝卜同样热爱

【33】下列可以替代文中的画线部分“丝毫”的是：

A 非常　　B 反而　　C 一点儿　　D 应该

【34】根据文意，哪个城市不在山东？

A 莱阳　　B 潍县　　C 青岛　　D 开封

35～40

学　　生：老师，国家图书馆怎么挑选自己需要的馆藏书目呢？是不是也有类似于“核心期刊”这样的衡量标准呢？不知道这些衡量结果通过什么途径发布，是否对外公布呢？其考虑是以内容为先，还是以出版社为先？

学校图书馆老师：我不太清楚国图购书的规则，但__36__我了解的基本情况，凡国家正式出版社出版的图书，国图都应该购进。但限于经费和服务范围，或根据自己的历史与特色，是图书馆都会有选择。通常图书馆会有一个顾问委员会或专家组或工作小组，按照采购规则选书。图书中不存在“核心期刊”的概念，只有出版社概念，所以一般多以国家级大型出版社为主。书自有其价值，选购图书是门模糊

的但也需要丰富知识阅历的学问。有时跟买菜一样，有的菜叶很新鲜，也有的黄一些，即使买来的书再差，可能有的读者还认为很对胃口(37)。当然，也有看走眼的时候，没有买到的书竟然是绝版珍品，后悔啊！所以，购书更像购买食品，可以挑三拣四，但最后不一定都是自己喜欢吃的，可是呢，有些还能对付着吃。我们不是需要这本书，而是需要这本书中最富有价值和最有情趣的内容。找书苦？找书乐？我的体会就像淘宝，五味杂陈，甘苦自知。

【35】图书馆购买图书的标准：

A 书是不是最新的　　B 馆长决定

C 核心期刊一定要购买　　D 每个图书馆都会有选择标准

【36】文中__36__处应该填写的词语是：

A 按照　　B 按时　　C 照常　　D 照例

【37】替代文中的画线部分“有的读者还认为很对胃口”最好的一项是：

A 有的读者很喜欢吃　　B 有的读者认为胃很舒服

C 有的读者胃口很好　　D 有的读者觉得很好、很感兴趣

【38】老师认为，他寻找合适的图书的过程：

A 很快乐　　B 很痛苦

C 各种感觉都有　　D 自己喜欢什么书就买什么书

【39】如果给这段文字加一个标题，最好的是：

A 图书馆怎样购书　　B 购书与买菜之异同

C 购书的苦与乐　　D 怎样找到图书的价值

【40】图书馆购买图书：

A 会根据自己的特色购买　　B 只要是正式出版社的图书都购买

C 没有经费的限制　　D 都是图书馆工作人员喜欢的图书

第三组

(40题，45分钟)

说明：1～40题，每段文字后都有几个问题，每个问题都有ABCD四个答案，请阅读后根据每题要求选择唯一恰当的答案，并在答卷相应字母上画一横道。

1

我们推出的气象直播节目充分利用直播手段，体现新闻气象节目及时快速的特点。气象员与记者对每天早晨时段的城市交通道路、车站、旅游景点等处天气进行实时播报，把天气的最新信息适时传递给市民。

【1】文中画线词拼音正确的一个是：

A 推出(duīchū)　　B 气象(qìxiàng)

C 实时(shìshí)　　D 传递(zhuāndì)

2

范祚信告诉记者，他的年收入仅有一万元，村里原来有十个会剪纸的，就他一个坚持了下来。问他平时有没有商业机会，他说有，但他说：“我不需要很多钱，这样挺好。”让他更津津乐道的是，到北京美术馆表演他的剪纸技艺或者女儿曾经去过哪些国家表演。

【2】通过这段文字，我们知道范祚信：

A 是村里唯一一个会剪纸的人　　B 平时没有赚钱的机会

C 对能去北京表演剪纸很自豪　　D 他的女儿不会剪纸

3～5

据悉，家长对寒假辅导重视已远远超过暑假，寒假辅导成为全年课外辅导“重头戏”(4)已是不争的事实。教育个性化研究院专家分析：“对于初高三学生来说，寒假后的两三个月就是应考的最后冲刺，寒假也就成为冲刺前的重要补给时间段和冲刺的起点。”除了对应考的重视提升了寒假辅导的地位外，对于其他非大考年级的学生来说，利用寒假做适量的课外辅导还可以纠正过去不好的学习习惯。如果寒假利用不好很有可能就会破坏孩子的学习习惯，等开学后再重新养成良好习惯就很难了。

【3】家长对寒假辅导重视已远远超过暑假的原因是：

A 寒假比较短　　B 寒假只有两三个月

C 寒假后就是应考的冲刺　　D 寒假包括春节

【4】文中的画线部分“重头戏”的意思是：

A 比较重　　B 重新演戏　　C 比较重要　　D 重新重要

【5】根据本文内容，关于寒假辅导正确的是：

A 家长不太重视寒假辅导　　B 寒假辅导有两三个月

C 只有初高三的学生需要寒假辅导　　D 寒假辅导还可以纠正不良学习习惯

6～8

送孩子上学时，如果母亲向孩子诉说她对丈夫的种种__6__，而尚未懂事的孩子无法理解这些复杂的问题，在这种情况下去幼儿园，孩子就容易产生焦虑与不安。__7__父母一定要__8__好自己的情绪。

【6】文中__6__处应该填写的词语是：

A 不许　　B 不幸　　C 不行　　D 不满

【7】文中__7__处应该填写的词语是：

A 所谓　　B 所有　　C 所在　　D 所以

【8】文中__8__处应该填写的词语是：

A 控制　　B 制定　　C 制造　　D 制止

9～10

教室__9__个性化，洁具放置隐蔽化，__10__用语礼貌化，日常生活条理化，学习讲求统筹化，时间追求高效化。

【9】文中__9__处应该填写的词语是：

A 布告　　B 公布　　C 宣布　　D 布置

【10】文中__10__处应该填写的词语是：

A 交际　　B 交流　　C 交通　　D 交易

11～12

喝水排毒至少需要明确以下三个问题：1. 喝多少水？一个成年人一天需要 3000 毫升以上的水，天气炎热、运动量加大时，需水量还要更大。一般__11__下，成人一天要喝 6 至 8 杯水。2. 什么时候喝水？一是早晨起床后刷牙前喝 500 毫升以上的凉开水；二是午休后下午三点左右喝 500 毫升的水；三是睡觉前半个小时喝 200 毫升的水。要养成随时喝水的习惯，不要等到渴了再去喝水。3. 喝什么水？我们喝烧开的自来水即可。也可以喝一些果汁、绿豆水、绿茶

水，但是需提醒读者注意的是，心脏病患者应在医生的__12__下适当多喝水。

【11】文中__11__处应该填写的词语是：

A 情形　　B 情景　　C 情报　　D 情况

【12】文中__12__处应该填写的词语是：

A 指导　　B 指责　　C 指挥　　D 指出

13～16

水韵天香普洱茶，健康生活、精选好茶

我们提供卫生、优质、正宗的云南普洱茶，我们还提供独特、超值的服务。

水韵天香为您提供以下服务：

1. 北京市内 48 小时内免费送货上门
2. 全国范围内 24 小时内免费邮寄发货
3. 普通茶品免费调换一次
4. 网站会员购物__13__更多优惠
5. 每月一款产品特价销售

【13】文中__13__处应该填写的词语是：

A 享受　　B 接受　　C 受不了　　D 忍受

【14】如果想买便宜一点儿的茶叶，可以：

A 从网上购买　　B 到店里购买

C 让茶叶店送货上门　　D 让茶叶店邮寄

【15】新疆的顾客购买茶叶：

A 48 小时可以免费送货上门　　B 48 小时可以免费寄出

C 24 小时内可以免费寄出　　D 24 小时可以免费送货上门

【16】这段文字是一则：

A 送货指南　　B 新闻消息　　C 商品广告　　D 购物须知

17～20

铁道部最近宣布，即日起(17)铁路儿童票身高限制__18__为 1.1 米至 1.5 米，以儿童实际身高(脱鞋)为准。此前，铁道儿童票的身高限制为 1.1 米至 1.4 米。1997 年铁道部出台的《铁路旅客原属规程》对儿童票的规定是：随同成人旅行，身高 1.1 米至 1.4 米的儿童，享受半价客票、加快票和空调票。超过 1.4 米时应买全价票。每名成人旅客可免费携带一名身高不足 1.1 米的儿童，超过一名时，超过的人数应买儿童票。

【17】文中的画线部分“即日起”的意思是：

A 从当天开始　　B 立即

C 从第二天开始　　D 最近几天内

【18】文中__18__处应该填写的词语是：

A 调节　　B 调皮　　C 调剂　　D 调整

【19】按照新规定，如果一个孩子 1.4 米：

A 应该购买全价票

B 可以由成人旅客免费携带

C 可以享受半价客票、加快票和空调票

D 不能坐火车了

【20】如果给这段文字加一个标题，最好的是：

A 现在的孩子长高了　　B 如何购买儿童票

C 儿童票身高限制“长高了” D 旅客购票须知

21～22

女性的直觉强于男性吗?调查中发现,女性更愿意把自己形容为比男性更加感性的人,她们更相信自己的直觉。感性世界中性别的差异直接导致了行为的差异,尽管这并不十分明显。例如,面对别人的不幸遭遇,女人更可能哭出来。这种差异也解释了为什么男人和女人都认为和女性朋友之间的关系更__22__、更愉快。在寻求理解的时候,不管男女都常常找女性朋友。对此的一个解释是,女性解读别人情感的能力胜于男性。所谓的性别差异可能有夸张的成分在。因为有些男性比一般的女性更加感性。心理学家仍在就直觉的性别差异进行舌战,但不论原因为何,西方传统一直将理性思维看成是男性的象征,而把直觉看成是女性的象征。

【21】下面说法正确的是:

A 男性更容易理解别人

B 女人比男人更加感性,这是很明显的

C 心理学家认为女人的直觉强于男性

D 男人和女性的直觉谁更强仍然在争论中

【22】文中__22__处应该填写的词语是:

A 秘密 B 亲切 C 亲爱 D 亲密

23～26

溧水梅花节的主会日定在3月3日,现在起至4月,南京市民均可去溧水赏梅踏青和品农家菜了。记者了解到,市民如参加从江苏展览馆发车的“南京—溧水赏梅专线”,可购买傅家边、天生桥与无想山旅游套票,价格为56元/人(含交通和门票费用),若再增加大金山风景区,则为60元/人。

记者了解到,今年溧水梅花节安排了四大系列共14项活动,市民前往可以感受到浓烈的春天气息,包括赏梅踏青、农家体验游、生态景区游、特色文化表演、农特产品展销等。

游客踏青时,还可以赏花,2月是梅花,3月是桃花,4月是梨花,5月是牡丹,6月是山栀花。还有“我在溧水有棵果树”活动,举办“伸出爱心之手,认领希望果树”第二届公益主题活动,市民出300元公益金,就可享受到优惠的景点门票以及所拥有果树的果实。另外,梅花节期间还可以品尝农家美味,溧水有100余家农家乐。同时,梅花节期间还将举办“健身溧水一日游”,新开发的大金山风景区将展示氧吧森林、峡谷深潭、竹海野果等自然景观。“千名老年市民溧水赏梅”活动算下来每位老年人只要花50元就能玩转溧水。

【23】通过这篇文章,我们知道:

A 溧水梅花节3月3日结束 B 溧水梅花节到4月结束

C 溧水梅花节也可以看到牡丹 D 溧水梅花节门票300元

【24】坐“南京—溧水赏梅专线”去溧水梅花节,门票费和交通费最多可能花:

A 56元/人 B 60元/人

C 300元/人 D 50元/人

【25】哪种人去溧水梅花节玩儿最便宜?

A 南京市民 B 记者 C 老年人 D 农民

【26】现在去溧水梅花节不能做的事是:

A 赏梅踏青 B 品农家菜

C 参加公益主题活动 D 种树以及享受所拥有果树的果实

27～31

长期以来，大多数的老师存在着一个困扰：班级人数过多，要把每个学生都照顾到，实在是心有余而力不足(27)。发言不积极或者性格内向的学生在课堂上就容易被忽略掉。学生当堂课学习的东西无法在提问和演练中得到检验，回家后如果复习得不够就会使学习效果大打折扣，这也会形成一种恶性循环，越是学习成绩不理想的学生越是不敢主动回答问题，课堂学习效果也就更加不好。

无论是讲授新课还是复习总结，课堂上的听课质量都会影响到学习效果。所以学生要学会利用课堂上的时间，认真听讲，及时回答老师的问题，仔细记笔记。老师讲课都会有一个习惯：把重点的知识重复几遍，所以对老师反复强调的内容更应该及时地记忆或记录。由于同一个班级里学生的层次也会有所不同，所以老师很难照顾到所有的同学，只能用一种授课方式保证大多数同学都能__29__。一旦课堂内容没有完全掌握，要及时做好标记，下课请教老师，最大程度地不留疑问，不留困惑，以免积累的问题越来越多，影响新知识的学习和吸收。

【27】文中的画线部分“心有余而力不足”的意思是：

A　心里有很多多余的想法但是力气不够

B　心里很想做可是没有精力或者体力

C　心里不满足可是没有力量

D　心里是满足的，可是还想再做一些事情

【28】下面哪一项不是学生课堂学习效果不好的原因？

A　上课时老师不想照顾所有的同学

B　学生人数太多

C　有的同学不主动发言

D　成绩不好的学生更加不主动发言

【29】文中__29__处应该填写的词语是：

A　接待　　B　接近　　C　接受　　D　接触

【30】学生听课时要注意的问题是：

A　做好笔记　　B　重复老师重点讲解的内容

C　照顾所有的同学　　D　一定要留下一些问题问老师

【31】这段文字的中心意思是：

A　学生要有效利用课堂学习时间　　B　学生要主动积极地发言

C　教师应该改进教学方法　　D　学生应当敢于向老师提问题

32～36

一个星期五的晚上，火车站像往常一样熙熙攘攘。站台上的一群人显得与众不同。他们并不急于赶火车，但是每当有列车进站，他们就扛着照相机和三脚架跑过去，拍摄火车进站的画面。他们并不是摄影师，而是“火车发烧友”。如果你不是圈里人，也许从没听说过这个群体，其实火车的“粉丝”已经成千上万，遍布世界各地。他们的名字也多姿多彩。除了“铁路粉丝”以外，还有“铁路怪客”、“看火车者”等。最铁杆儿的火车迷则被称为“吐白沫者”，用来形容火车迷见到火车后会兴奋地喋喋不休，直至嘴角出现白沫。虽然这有一定的贬义，但许多火车迷还是为这个称号感到骄傲。

火车迷中也会细分。有人只对火车头感兴趣，有人青睐车厢，还有人专门研究隧道和高架桥等与火车有关的建筑；有人喜欢货车，有人偏爱客车；有人痴迷于火车的历史，还有人对与火车有关的机械问题“发烧(32)”。有些人是因为从小摆弄火车模型才开始对它上瘾，还有人是因为在铁路上工作了一辈子而对它难舍难分。一般来说，标准的火车迷看的是车迷杂志，浏览的是火车迷网站，他们最喜欢的出行方式就是乘坐古董蒸汽机车旅行。

【32】文中的画线部分“发烧”的意思是：

A 对某种东西很感兴趣　　B 一种病

C 喜欢看火车　　D 对某种东西评价很高

【33】火车迷的称号不包括：

A 铁路粉丝　　B 铁路怪客　　C 铁路工人　　D 看火车者

【34】火车迷经常会：

A 口吐白沫　　B 在铁路上工作

C 玩儿火车模型　　D 看跟火车有关的杂志

【35】下列说法不正确的是：

A 火车会让人生病，比如发烧或者口吐白沫

B 火车迷都有自己喜欢火车的原因

C 古董蒸汽机车也是一种火车

D 中国也有很多火车迷

【36】这段文字主要讲述了：

A 为什么人们很喜欢火车　　B 火车迷的故事

C 火车趣事　　D 火车迷的种类

37～40

记　者：这次人口发展论坛对农村独生子女的生育意愿进行了调查，您能告诉我们调查的结果吗？

马教授：我们对 983 名 20 岁至 34 岁的农村独生子女进行了调查，与 2006 年在城区进行的调查结果相比，他们理想的子女数都是以一个孩子为主，比例也非常 <u> 39 </u>，农村想要一个孩子的比例为 50.4%，城市为 51.2%。城市不要孩子的比例高达 15.7%，而农村仅为 1.4%。调查还显示，农村被调查者选择理想子女数为两个孩子的比例为 47.6%，工作人员对他们进行了原因调查，数据显示，选择“家里一个孩子太孤单”、“希望儿女双全”、“充分享受天伦之乐”三个选项排在前三位。养老因素排在第四位，经济原因则排在最后。同时今年还有一个新变化，以往的调查显示，农村地区有较为明显的男孩儿偏好(40)，但今年的调查结果表明，73.1%的人选择了男孩儿女孩儿都一样，13%的人选择了男孩儿，13.9%的人选择了女孩儿，选择女孩儿的比例甚至超过了男孩儿。

【37】农村被调查者想要两个孩子的原因不包括：

A 担心孩子太孤单

B 希望家里儿子女儿都有

C 希望将来能有更多的孩子陪伴自己

D 自己的父母提出了要求

【38】关于城市和农村被调查者：

A 想要一个孩子的人占的比例最大

B 农村不想要孩子的人多于城市

C 农村被调查者想要两个孩子的，主要是担心没有人养老

D 农村被调查者想要两个孩子的人很少

【39】文中 <u> 39 </u> 处应该填写的词语是：

A 接连　　B 接触　　C 靠近　　D 接近

【40】替代文中的画线部分“农村地区有较为明显的男孩儿偏好”最好的一项是：

A　农村地区生男孩儿比较多

B　农村地区喜欢生男孩儿的现象比较明显

C　农村地区的男孩儿比较多

D　农村地区的人比较疼爱男孩儿

第四组

（40题，45分钟）

说明：1～40题，每段文字后都有几个问题，每个问题都有ABCD四个答案，请阅读后根据每题要求选择唯一恰当的答案，并在答卷相应字母上画一横道。

1

很多人表示了家乡在自己心中具有无可替代的重要位置。在他们看来，家乡代表着温暖、归宿和根，是生活的动力源、心灵的避风港，有父母、亲人、朋友，有最纯真的年华、最美好的记忆、最难以割舍的情感。

【1】文中画线词拼音正确的一个是：

A　位置（wèizì）　　B　温暖（shīnuǎn）

C　纯真（chúnzhēn）　　D　情感（qǐnggǎn）

2

鸻鸟是一种狡猾的小鸟，每当它发现敌人接近鸟巢的时候，为了保护巢中的后代，它会故意把敌人的注意力吸引到其他地方。比如假装翅膀受伤，歪歪斜斜地往外飞，引着敌人远离鸟巢。一旦认为敌人再也不会威胁后代的安全，它会马上振翅疾飞，把目瞪口呆的敌人远远甩在后面！

【2】通过这段文字，我们知道鸻鸟：

A　很爱自己的后代　　B　是一种很聪明的小鸟

C　飞行的本领很高　　D　喜欢跟敌人开玩笑

3～4

俄罗斯的姑娘和小伙子原本就以貌美英俊而闻名，海参崴的美女帅哥更是格外养眼（4）。这里曾经是军港，海员家庭很多。同时，海参崴又是个多民族的城市，据导游说，俄罗斯总共有150多个民族，海参崴就有120个。因此，外来人口和各民族的混居使海参崴的混血儿比例非常高，这应该是此地盛产美女和帅哥的原因之一吧。

【3】这段文字主要讲述了海参崴：

A　多民族混居的特点　　B　姑娘小伙子貌美英俊的原因

C　外来人口多的原因　　D　与俄罗斯的关系

【4】通过这段文字，我们知道文中的画线部分“养眼”的意思是：

A　让眼睛休息　　B　对眼睛很好

C　看起来舒服　　D　加强眼睛的营养

5～6

洗澡可以清洁宝宝的身体，除去身上的汗液和细菌，舒缓筋骨、__5__疲劳，有助于提高睡眠质量，但给小宝宝洗澡也是许多爸爸妈妈头疼的问题。那么，如何让宝宝心情放松、自愿并快乐地洗澡呢？其实，只要掌握了＿6＿，这也并不是什么难事。

【5】文中＿5＿处应该填写的词语是：

A 消除　　B 消灭　　C 消失　　D 消化

【6】文中＿6＿处应该填写的词语是：

A 技能　　B 技巧　　C 技术　　D 科技

7～9

在应对本次寒流的过程中，市政管委要求全市供热单位紧急启动供暖预案，＿7＿居民室内温度在16度以上。将重点＿8＿居民供暖及医院、幼儿园、学校等单位的供暖，同时安排好抢险队，＿9＿排除供暖问题。

【7】文中＿7＿处应该填写的词语是：

A 保证　　B 保密　　C 保管　　D 保守

【8】文中＿8＿处应该填写的词语是：

A 保持　　B 保障　　C 保留　　D 保卫

【9】文中＿9＿处应该填写的词语是：

A 准时　　B 按时　　C 时刻　　D 及时

10～11

阿尔卑斯式攀登并无严格定义，＿10＿是指以个人或两三人的小队，以轻便的装备快速前进，在中途不靠外界的补给，一鼓作气爬上山顶并且平安回来，＿11＿"公平、快速、自主"的原则。

【10】文中＿10＿处应该填写的词语是：

A 通常　　B 通顺　　C 平常　　D 通信

【11】文中＿11＿处应该填写的词语是：

A 强迫　　B 强调　　C 加强　　D 强大

12～16

12月28日前在本市报刊亭、地铁等报纸零售网点购买《北京晚报》，找到8位喷码（平日在第33版，周六、周日在第17版下侧），就有机会成为当天及当周的幸运读者。我们每天从中抽取1000个幸运奖，每周抽取10个幸运大奖。

参加方法一：购买当天零售的报纸，即可凭报纸上的8位喷码参加抽奖。

参加方法二：手机用户在零购报纸后，发送短信"TTT＋当日8位喷码"到10629000，就有更多机会赢取奖品。

奖品设置：

幸运大奖：名牌手机一部

幸运奖：双人滑雪卡1张

获奖号码将在周三、周日的报纸上公布，同时在我们的发行网站也会公布全部获奖号码信息及活动详情。

领奖办法：中奖者请＿12＿印有中奖号码的整版报纸，短信中奖者需同时出示由10629000回复的中奖短信的手机。

领奖时间：每天9:00～11:30，13:00～17:00

【12】文中＿12＿处应该填写的词语是：

A 带领　　B 携带　　C 带着　　D 带动

【13】如果想知道自己有没有获奖，需要购买：

A 当天的报纸　　B 周三、周日的报纸

C 周六、周日的报纸　　D 每天的报纸

【14】如果自己已经中奖了，以下哪个时间可以去领奖？

A 8:30　　B 12:00　　C 14:30　　D 21:00

【15】下面的说法正确的是：

A 每个星期可以有 1000 个人获得名牌手机

B 每天可以有 10 个人获得双人滑雪卡

C 大家只能在报纸上知道自己有没有中奖

D 如果发短信参与抽奖，会更有可能中奖

【16】这段文字是一则：

A 寻物启事　　B 新闻消息　　C 教学计划　　D 抽奖公告

17～18

北风和南风打赌，看谁的力量更强大。他们决定比试谁能把行人的大衣脱掉。北风先来，他鼓起劲儿呼呼地吹着，直吹得冷风刺骨，可是越刮，人们为了抵御它的侵袭，把大衣裹得越紧。南风则不同，她徐徐吹动，轻柔温暖，__18__风和日丽，行人觉得身上暖和，脱掉大衣，南风获得了胜利。

【17】这段文字告诉我们什么道理？

A 使用强硬方法有时候并不能达到目的

B 北风比南风傻

C 人们喜欢南风胜过喜欢北风

D 要达到目的一定要想办法

【18】文中__18__处应该填写的词语是：

A 时时　　B 时常　　C 及时　　D 顿时

19～21

11 岁的孩子要连着参加三场奥数考试，身为老教师的爷爷心疼地上书副省长，这是上周本报报道的一则消息。平时尚且如此(19)，如今有了大把假期时间的学生自然也不会过得轻松。转眼寒假将至，对很多学生来说又到了从家和学校的两点一线转为各个辅导班之间画圈的时节。奥数、英语、珠算、绘画、钢琴，现在的孩子要学多少般武艺才够？而现在的家长们又有哪些苦衷，非得一边心疼着又一边狠着心把孩子逼成“班奴”？本报记者联合南京、淮安、溧水等地的扬子小记者们在全省 20 多所学校向学生和家长发放了 700 多份问卷，同时进行访谈式的采访，希望能借此听到学生和家长最真实的声音。

【19】文中的画线部分“平时尚且如此”的意思是：

A 平时只是很一般　　B 平时马马虎虎

C 平时可能比较　　D 平时就已经这样了

【20】文中关于对学生和家长的调查，下面哪一项文中没有提到？

A 调查的方法　　B 调查的范围　　C 调查的人数　　D 调查的结果

【21】关于学生假期的辅导班不包括：

A 奥数　　B 英语　　C 语文　　D 绘画

22～26

车票难买怎么回家？几天前，家住重庆沙坪坝区华宇广场九华楼的卢渝和他的同学，就选择骑自行车——用 4 天时间，从成都骑自行车回到重庆。卢渝是西南财经大学大三学生。前段时间铁路部门到校统一售票时，他忙于考试忘了买票。考试过后他到火车站买票，却被长长的购票队伍震住了。卢渝和同学商量后，决定骑自行车回家。9 日下午，两人从成都出发，沿 319 国道骑车回重庆。第一天两人骑了 6 个多小时，在简阳市住宿；第二天骑了 8 个多小时，在安岳县住下。第三天终于进入重庆境内，到铜梁县时已天黑。12 日，他们终于安全抵达沙坪坝。

骑车 4 天回家，卢渝的行为让人吃惊，他却很平静地说："沿途村镇密集，只要身体没问题，骑到哪里黑，就在哪里歇。"卢渝说，骑车回家不仅可避免排队买票的压力，还长了见识(22)、锻炼了身体。他已跟另两名同学约好，开学时一起骑车返校。

【22】文中的画线部分"见识"的意思是：

A 看见识别的能力　　B 一种特别的能力
C 见闻和知识　　D 看见就认识

【23】卢渝他们一起骑车回学校的有几个人？

A 一个　　B 两个　　C 三个　　D 四个

【24】根据卢渝的话，骑车回家的好处不包括：

A 身体没问题　　B 避免排队买票的压力
C 锻炼了身体　　D 长了见识

【25】下列说法不正确的是：

A 卢渝是大三的学生　　B 卢渝因为考试忘了买票
C 卢渝家住在重庆　　D 卢渝骑车 4 天回到学校

【26】这段文字主要讲述了：

A 骑车的好处　　B 车票难买的故事
C 卢渝喜欢骑车　　D 卢渝回家的故事

27～30

近两个多月来，伽师县双语小学收到了百余封学生家长的来信，学校将来信在本校的红领巾广播站陆续(27)播出。学生在学校 5 天养成的良好习惯，能否延伸到家里？学生在家里的实际表现怎么样，对学校来说，这些是鞭长莫及的问题。为破解"5＋2＝0"这道难题，去年 10 月，伽师县双语小学向学生家长发出"夸夸自己的孩子"的倡议，建议家长以书信的形式，向学校陈述孩子在家里的表现。家长的积极性被调动起来了，一封封来信飞到了学校，哪怕是细小的一点进步，通过红领巾广播站，全校师生都知道了。孩子们对被夸奖的同学刮目相看，被夸奖的孩子得到了肯定与赞赏，慢慢地将在学校 5 天养成的好习惯延伸到了家里。孩子细小的变化引起了家长的注意，家长又以书信的形式再次夸奖自己的孩子。班主任老师也及时将学生的在校表现反馈给家长。"没想到两封信改变了孩子，现在孩子做作业不做小动作了，还在文具盒里贴上了'一寸光阴一寸金，寸金难买寸光阴'的座右铭来勉励自己"，一位四年级学生的家长感叹道。

【27】可以替代文中的画线部分"陆续"的是：

A 经常　　B 继续　　C 互相　　D 不断

【28】文中"5＋2＝0"指的是：

A 学生在学校的表现
B 数学难题
C 学生在学校 5 天养成的好习惯到了周末都没有了
D 学生的家庭作业

【29】"夸夸自己的孩子"的倡议是指：

A 让家长表扬自己的孩子
B 让老师表扬自己的孩子
C 让家长表扬孩子在家里的表现
D 让老师表扬孩子在家里的表现

【30】那位四年级学生的家长感叹的原因是：

A 一寸光阴一寸金，寸金难买寸光阴

B 班主任老师也及时将学生的在校表现反馈给家长

C 孩子细小的变化

D 两封信改变了孩子

31～35

从1885年起，伊克萨克村的村民就用羊皮缝制的简易足球开始足球运动，并一直延续至今。最了解伊克萨克村足球史的买买提祖农·夏吾东老人介绍：1925年5月初，伊克萨克村的足球热引起了当时英国、瑞典驻喀什领事馆的注意，英国领事馆派人到伊克萨克村下了战书(32)，要求进行一场比赛，村民们接到战书后，组织了伊克萨克村第一支农民足球队，他们和村民一起骑着马、毛驴浩浩荡荡地向40多公里外的喀什进发了。

当时，买买提祖农·夏吾东老人只有7岁，他随在村足球队当医生的父亲夏吾东到喀什观看了伊克萨克村足球队和英国领事馆足球队之间进行的比赛。据记载，比赛当天，喀什万人空巷。伊克萨克村的队员有的穿鞋，有的赤脚，就是在这样的条件下，这支足球队仍然以2比0赢了英国领事馆足球队，后来在和瑞典领事馆足球队的比赛中又以7比0的比分获胜。两场比赛的结果让喀什沸腾了，观看比赛的人们流下了激动的泪水。这两场比赛至今还铭刻在伊克萨克村人们的记忆里。如今，当年参赛球员的照片依然陈列在伊克萨克村小学的陈列室里。

解放后，伊克萨克村的足球再度创造辉煌，令村里人自豪。1956年，伊克萨克村球队在自治区的多次足球比赛中获得佳绩，还夺取了全疆的冠军。2001年在中国健力宝小甲A足球赛中，伊克萨克村小学的球员，捧回了亚军奖杯，再次成为伊克萨克村的骄傲。

【31】关于买买提祖农·夏吾东老人，我们不知道的是：

A 1925年他7岁

B 他的父亲是医生

C 他看了伊克萨克村足球队和英国领事馆足球队之间进行的比赛

D 他非常喜欢足球

【32】文中的画线部分“战书”指的是：

A 问候的书　　B 问候的信　　C 要求比赛的书　　D 要求比赛的信

【33】下面哪一个词不是描写伊克萨克村足球队和瑞典领事馆足球队比赛后人们的反应的？

A 万人空巷　　B 浩浩荡荡　　C 沸腾　　D 激动

【34】关于伊克萨克村足球不正确的是：

A 从1885年起，伊克萨克村的村民就开始足球运动

B 1925年5月伊克萨克村足球队和英国领事馆足球队之间进行了比赛

C 1956年，伊克萨克村球队在自治区的多次足球比赛中获得佳绩，还夺取了全疆的冠军

D 2001年伊克萨克村的球员，捧回了甲A足球赛冠军奖杯

【35】适合做这段文字标题的是：

A 买买提祖农·夏吾东的一生　　B 足球的百年

C 一个足球村的百年　　D 伊克萨克村的故事

36～40

记　者：王经理，请您给我们观众就今年春节假期旅游提一些建议吧！

王经理：好的。相比国内游的强劲，今年春节，去国外度假的人也不逊于往年。我们告诉客户，这个春节，出国游最划算。北美和欧洲都是此次金融危机的重灾区，世界各大航空公司为了争夺客源，纷纷打出罕见的低价折扣，致使所有国外游的价格纷纷大幅跳水(37)。

欧洲 11 国游，去年春节时在 16000 元上下，今年只要 12000 元。澳大利亚、新西兰 12 日游（往返 14 天），往年春节高达 23000 元，今年春节期间才 20000 元。因为价格太诱人，不少人纷纷选择去国外过年。澳大利亚、新西兰是他们的首选，__38__是欧洲、东南亚。所以我们建议有条件的家庭，可以去国外过一个洋春节。

【36】下面哪一项是国外游最划算的原因？

A 去国外度假的人比往年少

B 国外很漂亮

C 航空公司为了争夺客源打出罕见的低价折扣

D 不少人纷纷选择去国外过年

【37】可以替代文中的画线部分“价格纷纷大幅跳水”最好的一项是：

A 价格有很大程度的下降

B 价格非常的低

C 价格降得很突然

D 价格降得很漂亮

【38】文中__38__处应该填写的词语是：

A 其次　　B 其他　　C 其余　　D 其中

【39】关于出国旅游，说法不正确的是：

A 这个春节，出国游最划算　　B 北美和欧洲最便宜

C 人们最想去澳大利亚、新西兰　　D 东南亚的旅游价格降价幅度最小

【40】如果给这段文字加一个标题，最好的是：

A 金融危机的影响　　B 今年到国外过年去

C 今年的旅游形势　　D 给旅游者的一点建议

◇ 三、书面表达(共四组)◇

第 一 组

(16 题,45 分钟)

第一部分

(15 题,10 分钟)

一、1~10 题,在每题的语句中有一画横线处,题后有 ABCD 四个答案,其中只有一个可以放入横线处使语句表达通顺。请找出来并在答卷字母上画一横道。

1. 在法国,________一个城市的人口少于 5000 人,________市长、副市长都是不领薪水的。
   A 既然……那么…… B 只要……就……
   C 如果……那么…… D 即使……也……

2. ________这些雕塑价值连城,________没能逃过一次次历史的劫难。
   A 尽管……还是…… B 不是……而是……
   C 除非……才…… D 不但……而且……

3. ________,7 点钟是最紧张、忙碌的时候。
   A 北京对于绝大多数居民来说 B 对于北京绝大多数居民来说
   C 北京绝大多数居民对于来说 D 绝大多数居民对于北京来说

4. 他俩非常投缘,认识没多长时间就称兄道弟,________。
   A 就像仿佛非常熟悉 B 仿佛似非常熟悉的
   C 仿佛非常熟悉似的 D 就像仿佛非常熟悉

5. 在水银灯的映照下,________。
   A 显得姑娘们漂亮的长围巾格外鲜艳 B 显得格外鲜艳姑娘们漂亮的长围巾
   C 姑娘们显得漂亮的长围巾格外鲜艳 D 姑娘们漂亮的长围巾显得格外鲜艳

6. 海平面上逐渐出现了________。
   A 一艘从南方驶来的白色客轮 B 从南方驶来的一艘白色客轮
   C 一艘白色的从南方驶来客轮 D 从南方驶来白色的一艘客轮

7. 在两年的相处过程中,________,无话不说。
   A 我们渐渐地成了知心朋友 B 我们成了渐渐地知心朋友
   C 我们成了知心朋友渐渐地 D 我们成了知心渐渐地朋友

8. 小兔子的眼圈红红的,像是一直处在伤感状态,随时都会________。
   A 落泪下来 B 落下泪来
   C 下来落泪 D 来落下泪

9. 只要一提起北大的儿子,父母心里就是甜丝丝的,________。
   A 怎么快乐再也不为过 B 再也不为怎么快乐过
   C 再怎么快乐也不为过 D 怎么再快乐也不为过

10. 最近真的太累了，要不然这么重要的事情________？

A　怎么会还忘了呢　　　　B　怎么会把忘了呢

C　怎么会不忘了呢　　　　D　怎么会给忘了呢

二、11～15 题，在这一部分里，每题的语句中有 ABCD 四个下画线的词语，去掉其中某一个词语会使句子变成病句。请找出这个不能删去的词语，然后在答卷的字母上画一横道。

11. 作为一家(A)新闻周刊，《时代》从(B)一开始就清楚地意识到该(C)报道什么以及(D)如何报道。

12. 人们都(A)说网络是虚伪的，但是(B)我却从(C)网络中交到了好(D)朋友，体会到了真实与真诚。

13. 只要你愿意好好(A)读书，大学的(B)校门对每一(C)个人始终(D)是敞开的，不管结婚与否。

14. 在现代社会里(A)，日益拥挤(B)的生活空间时常(C)导致人际(D)关系的紧张。

15. 随着(A)时间的推移、年龄的增长，人们对 80 后的一些(B)看法和偏见也(C)在逐渐(D)改变。

第二部分

（作文，35 分钟）

作文要求：

1. 写作前认真阅读作文前提示，按提示要求在规定的时间内写完。
2. 用汉语简化字书写。每个空格写一个汉字，汉字书写要清楚工整；每个标点符号占一个空格，标点符号要正确。
3. 作文中不得出现跟考生有关的校名、地名和真人姓名。

作文提示：

在下面的作文中，你将有 35 分钟的时间来写一篇短文。请根据给出的提纲、以“假如我是一名志愿者”为题写一篇短文。全篇短文不得少于 350 字。

提纲：

假如我是一名志愿者

志愿者是那些诚实，善良，热心地去帮助那些需要帮助的人。

假如我是一名志愿者，我可能会奔赴非洲给人看病，也可能会去乡村支教，还可能担任一名和平志愿者或者环保志愿者。

						假	如	我	是	一	名	志	愿	者					

第 二 组

(16 题,45 分钟)

第一部分

(15 题,10 分钟)

一、1～10 题,在每题的语句中有一画横线处,题后有 ABCD 四个答案,其中只有一个可以放入横线处使语句表达通顺。请找出来并在答卷字母上画一横道。

1. 多看外国的电视节目,________可以学习外语,________可以了解国外的风土人情。
   A 既……又…… B 宁可……也不……
   C 只要……就…… D 虽然……但是……

2. ________人类的生存和大自然息息相关,那我们________应该保护自然环境。
   A 非但……还…… B 即使……也……
   C 无论……都…… D 既然……就……

3. ________,冬至必须要吃饺子,否则耳朵会被冻掉。
   A 关于北方的风俗 B 自从北方的风俗
   C 依照北方的风俗 D 为了北方的风俗

4. ________,都会热泪盈眶。
   A 我几乎每次读到妈妈给我寄来的信
   B 几乎我每次读到妈妈给我寄来的信
   C 我每次几乎读到妈妈给我寄来的信
   D 我每次读到妈妈给我寄来的信几乎

5. ________,北方的粽子以甜味为主,南方的粽子甜少咸多。
   A 从口味而言 B 就口味而言
   C 在口味而言 D 以口味而言

6. 一个国家的发达与富裕程度________。
   A 取决完全于人力资本的投入 B 取决于人力资本的投入完全
   C 取决于完全人力资本的投入 D 完全取决于人力资本的投入

7. 听到老婆顺利产下双胞胎的消息,________。
   A 他高兴得跳了起来 B 他高兴着跳了起来
   C 他高兴了跳了起来 D 他高兴过跳了起来

8. 戴着________,她觉得格外幸福。
   A 亲手织成妈妈的羊毛围巾 B 妈妈亲手织成的羊毛围巾
   C 羊毛的妈妈亲手织成围巾 D 妈妈的羊毛亲手织成围巾

9. 一个穿猩红色连衣裙的女孩儿醒目地出现在我的视野,________。

A 吸引住我的久久地视线　　B 久久地吸引住我的视线
C 吸引住我的视线久久地　　D 吸引住久久地我的视线

10. ________，特别是美国乡村音乐。

A 我喜欢跟他一样听音乐　　B 我跟他一样喜欢听音乐
C 我喜欢听音乐跟他一样　　D 我听音乐跟他一样喜欢

二、11～15 题，在这一部分里，每题的语句中有 ABCD 四个下画线的词语，去掉其中某一个词语会使句子变成病句。请找出这个不能删去的词语，然后在答卷的字母上画一横道。

11. 这个城市的绿化环境是(A)不错，就(B)是居住(C)人口太多，出门不太(D)方便。

12. 自(A)从离开学校那天起，他无忧无虑的学生生涯就结束了(B)，只(C)剩下忙碌平淡(D)的生活。

13. 虽然(A)他出生在(B)一个小山村，但从小就显露出了一种(C)过人的天分，那(D)就是精于计算。

14. 回忆童年，我最快乐的(A)事就(B)是跟着(C)哥哥们(D)在家门前的小河里戏水。

15. 这么好的机会可(A)不能(B)错过，我们星期五(C)晚上就(D)去排队买门票吧！

第二部分

（作文，35 分钟）

作文要求：

1. 写作前认真阅读作文前提示，按提示要求在规定的时间内写完。
2. 用汉语简化字书写。每个空格写一个汉字，汉字书写要清楚工整；每个标点符号占一个空格，标点符号要正确。
3. 作文中不得出现跟考生有关的校名、地名和真人姓名。

作文提示：

在下面的作文中，你将有 35 分钟的时间来写一篇短文。请以“风筝”为题，写一篇状物的短文，全篇文章内容不得少于 350 字（不包括已给出的提示语句）。

风筝

这几年春天，有一种人见人爱、特别受宠的东西——风筝高高地飘在城市的天空中。

风筝是民间艺人杰出的作品。

风筝不但中国人喜欢，外国人也喜欢。

第三组

（16 题，45 分钟）

第一部分

（15 题，10 分钟）

一、1～10 题，在每题的语句中有一画横线处，题后有 ABCD 四个答案，其中只有一个可以放入横线处使语句表达通顺。请找出来并在答卷字母上画一横道。

1. 北方人认为，________真心诚意请人吃饭，________得让人放开肚皮吃，这样才实在。
   A 除了……还…… B 即使……也……
   C 既然……就…… D 不管……都……
2. 在我看来，最好的居住环境________繁忙的大城市，________环境优美的小城市。
   A 因为……所以…… B 不是……而是……
   C 不是……就是…… D 虽然……但是……
3. ________，主管部门应该认真清理，切实保障学生的利益。
   A 对于这些不合理收费 B 为了这些不合理收费
   C 因为这些不合理收费 D 根据这些不合理收费
4. 他富有诗意的语言感染了所有人，________。
   A 不识字的老爷爷包括在内 B 包括在内不识字的老爷爷
   C 在内包括不识字的老爷爷 D 包括不识字的老爷爷在内
5. 这是一场至关重要的比赛，________，就拿不到奥运会的参赛资格。
   A 如果过不了这一关 B 即使过不了这一关
   C 虽然过不了这一关 D 只有过不了这一关
6. 在欧美骑手或蓝色或黑色的骑手服中间，________。
   A 格外华天身上鲜艳的中国红醒目 B 华天身上鲜艳的中国红格外醒目
   C 华天身上格外鲜艳的中国红醒目 D 华天身上鲜艳的中国红醒目格外
7. 当她发现这个秘密之后，内心________。
   A 久久都无法平静下来 B 久久都无法平静出来
   C 久久都无法平静起来 D 久久都无法平静过来
8. 据调查，________。
   A 与人的工作积极性实际报酬多少有关 B 人的工作积极性与实际报酬多少有关
   C 与实际报酬多少有关人的工作积极性 D 有关实际报酬多少与人的工作积极性
9. 树上的叶子都掉光了，马路上结着厚厚的冰，________！
   A 今年冬天非常太寒冷了 B 今年冬天可是太寒冷了
   C 今年冬天真是太寒冷了 D 今年冬天特别太寒冷了

10. 老师交代，明天一定要把这学期的笔记________。

A 带到学校来　　B 带到来学校

C 带学校到来　　D 学校带到来

二、11～15 题，在这一部分里，每题的语句中有 ABCD 四个下画线的词语，去掉其中某一个词语会使句子变成病句。请找出这个不能删去的词语，然后在答卷的字母上画一横道。

11. 虽然已经是初秋了，风微微凉了，可是阳光依然明媚。
虽然 A　微 B　凉 C　可是 D

12. 他是一定要辞职的，至于别人，我们得先听听他们自己的意愿再说。
的 A　先 B　听 C　自己 D

13. 我出生的那一年非常冷，用妈妈的话来说，是呼呼的北风把我给吹出来的。
的 A　一 B　给 C　出来 D

14. 让我没有想到的是，母亲居然会遇到和我一样的问题。
让 A　有 B　居然 C　和 D

15. 几年前开始传播的素食文化，使得素食越来越成为一个 全球时尚的标签。
前 A　得 B　一个 C　全球 D

第二部分

（作文，35 分钟）

作文要求：

1. 写作前认真阅读作文前提示，按提示要求在规定的时间内写完。
2. 用汉语简化字书写。每个空格写一个汉字，汉字书写要清楚工整；每个标点符号占一个空格，标点符号要正确。
3. 作文中不得出现跟考生有关的校名、地名和真人姓名。

作文提示：

在下面的作文中，你将有 35 分钟的时间来写一篇短文。请以"我的朋友"为题，阅读下面的短文，看清题目，然后把它扩写成 350 字以上的文章。

短文提示：

人的一生，会遇到各种各样的朋友。其中最值得珍惜的便是儿时的好友。他（她）可能和你有一样的爱好，可能影响了你的性格。那是最纯真的友谊，是你一辈子都无法忘记的朋友。

我　的　朋　友

第 四 组

(16 题,45 分钟)

第一部分

(15 题,10 分钟)

一、1～10 题,在每题的语句中有一画横线处,题后有 ABCD 四个答案,其中只有一个可以放入横线处使语句表达通顺。请找出来并在答卷字母上画一横道。

1. 问题查出来之后,________要解决之外,________要向上级报告。
   A 即使……也……　　B 除了……还……
   C 如果……就……　　D 除非……才……

2. 根据专家的调查,人的许多弱点________到了关键时刻________会暴露出来。
   A 只要……就……　　B 不管……都……
   C 只有……才……　　D 即使……也……

3. 热情好客的玛丽夫妇是________。
   A 我移民到美国后认识的第一个邻居　　B 我第一个认识的移民到美国后邻居
   C 我认识的移民到美国后第一个邻居　　D 移民到美国后认识的我第一个邻居

4. ________,老九收拾好行李,走上了他当一个钢铁工人的路。
   A 从大家的帮助起　　B 在大家的帮助上
   C 在大家的帮助下　　D 在大家的帮助中

5. 她是一家跨国公司的销售员,出色的工作能力________。
   A 让她获得了不菲的收入　　B 把她获得了不菲的收入
   C 被她获得了不菲的收入　　D 对她获得了不菲的收入

6. 一连工作了十个小时,________,一躺下就进入了梦乡。
   A 实在他太疲倦了　　B 他太实在疲倦了
   C 他太疲倦了实在　　D 他实在太疲倦了

7. 我们国家对知识产权的保护意识还十分欠缺,________。
   A 这一点比完全不上日本　　B 日本完全比不上这一点
   C 这一点完全比不上日本　　D 这一点完全比日本不上

8. 无车日——我国首个公共交通周活动,________。
   A 在很大程度上改变了我们的生活方式　　B 改变了在很大程度上我们的生活方式
   C 改变了我们的生活方式在很大程度上　　D 改变了我们在很大程度上的生活方式

9. 今年的世界杯________,错过哪一场都很可惜。
   A 一场好看比一场　　B 好看一场比一场
   C 一场比一场好看　　D 比一场好看一场

10. 虽然十年没见面了，但我还是________。

A　把他一眼就给认出来了　　　B　一眼就把他给认出来了

C　就把他一眼给认出来了　　　D　把一眼就他给认出来了

二、11～15 题，在这一部分里，每题的语句中有 ABCD 四个下画线的词语，去掉其中某一个词语会使句子变成病句。请找出这个不能删去的词语，然后在答卷的字母上画一横道。

11. 由于(A)水是流动变化的，因此在水利工程上(B)，决(C)不能单纯(D)依赖计算机算出来的结果。

12. 海涛说(A)他一个人在国外时最喜欢听(B)这一(C)首歌，很(D)适合他独自在外的心情。

13. 香港是十分(A)发达的商业城市，但是能够(B)成为富豪的(C)，毕竟只是极(D)少数的一部分。

14. 他仅(A)仅花了两个(B)星期就完成了(C)老师布置的所有(D)工作。

15. 您别太(A)着急，只要(B)他一(C)回来，我就打电话给(D)您。

第二部分

（作文，35 分钟）

作文要求：

1. 写作前认真阅读作文前提示，按提示要求在规定的时间内写完。
2. 用汉语简化字书写。每个空格写一个汉字，汉字书写要清楚工整；每个标点符号占一个空格，标点符号要正确。
3. 作文中不得出现跟考生有关的校名、地名和真人姓名。

作文提示：

在下面的作文中，你将有 35 分钟的时间来写一篇短文。请看清题目，以“小家与大家”为题，接着文中给出的话语写下去，全篇文章内容不得少于 350 字(不包括已给出的提示语句)。

小家与大家

奥运会的成功举办让全世界的人们看到了中国的崛起，更看到了中国人民“建设小家，营造大家”的奉献精神。

对于中国来说，个人是小家，国家是大家。

对于世界来说，中国是小家，世界是大家。

只有正确处理好小家与大家的关系，我们的国家才能永远繁荣富强。

MHK
中国少数民族汉语水平等级考试(三级)

笔试部分

模拟试卷(三)

注意事项

一、汉语水平等级考试试卷分为卷Ⅰ和卷Ⅱ两部分:

1. 卷Ⅰ为客观选择题,每题都有四个供选择的答案,要求在答题卡上画出代表正确答案的字母,每题只能画一横道,如 [A][B]■[D],多画作废。

   请考生注意:卷Ⅰ使用阅读机阅卷,答案必须用铅笔画在答题卡上,不能写在试卷上。

   卷Ⅰ包括三项内容,共 95 题:

   (1)听力理解(40 题,约 30 分钟)

   (2)阅读理解(40 题,45 分钟)

   (3)书面表达(15 题,10 分钟)

2. 卷Ⅱ为书面表达主观题(作文),35 分钟。内容用黑色钢笔或签字笔写在答题卡的方格内。

   全部考试时间约 120 分钟。

二、注意每部分试题的答题说明,严格按照说明的要求,在规定的时间内回答问题。

三、严格遵守考场规则,听从主监考的指挥。考试结束后,必须把试卷和答题卡放在桌子上,等监考人员收回、清点后,才能离场。

1·1·1·1·1·1·1

一、听力理解

(40题,约30分钟)

第一部分

说明:1～15题,这部分试题,都是两个人的简短对话,第三个人根据对话提出一个问题,请你在四个书面答案中选出唯一恰当的答案。

例如:第8题,你听到:

第一个人说:……

第二个人说:……

第三个人问:……

你在试卷上看到四个答案:

A 衬衫　**B** 毛衣　**C** 裤子　**D** 鞋子

第8题唯一恰当的答案是**C**,你应该在答题卡上找到号码8,在字母**C**上画一横道。横道一定要画得粗一些,重一些。

8 [A] [B] ■ [D]

1. A 有福的时候
   B 有困难的时候
   C 平时
   D 生活中

2. A 中学生
   B 大学生
   C 高中生
   D 小学生

3. A 款式多
   B 价格不贵
   C 不能打折
   D 服务不好

4. A 不在乎
   B 没关系
   C 很支持
   D 不支持

5. A 开座谈会
   B 面对面谈
   C 书面表达
   D 发邮件

6. A 公共汽车
   B 出租车
   C 火车
   D 轮船

7. A 高兴
   B 生气
   C 平静
   D 难过

8. A 刷牙的时间
   B 刷牙的次数
   C 刷牙的水温
   D 牙膏的品牌

9. A 收拾房间
   B 洗碗
   C 聊天儿
   D 看电视

10. A 春节
    B 中秋节
    C 年末
    D 年初

11. A 一个市场
    B 一个商场
    C 一个超市
    D 一个游乐场

12. A 老人缺钱
    B 老人缺少物质享受
    C 老人缺少精神享受
    D 老人子女不在身边

13. A 顺其自然
    B 惯着孩子
    C 使他独立
    D 安慰孩子

14. A 跃跃欲试
    B 有些担心
    C 胸有成竹
    D 满不在乎

15. A 生气
    B 愤怒
    C 平和
    D 语重心长

1·1·1·1·1·1·1

第二部分

说明:16～40 题,在这部分试题中,你将听到几段简要的对话或讲话。每段话之后,你将听到几个问题,请你在四个书面答案中选出唯一恰当的答案。

例如:第 25～27 题,你听到:

第一个人说:……

第二个人说:……

……

第三个人根据这段对话提出 3 个问题:

25. 问:……

你在试卷上看到四个答案:

A 饭馆 **B** 邮局 **C** 商店 **D** 路口

根据对话,第 25 题唯一恰当的答案是 **A**,你应该在答题卡上找到号码 25,在字母 **A** 上画一横道。横道一定要画得粗一些,重一些。

25 ▬ [**B**] [**C**] [**D**]

……

你又听到:

27. 问:……

你在试卷上看到四个答案:

A 寄信 **B** 打电话 **C** 取包裹 **D** 买报纸

根据对话,第 27 题唯一恰当的答案是 **D**,你应该在答题卡上找到号码 27,在字母 **D** 上画一横道。横道一定要画得粗一些,重一些。

27 [**A**] [**B**] [**C**] ▬

如果是一段讲话,在播放完讲话后,提出几个问题。

16. A 锻炼身体
    B 调整心情
    C 联络朋友
    D 卡拉 OK

17. A 家里
    B 朋友家
    C 歌厅
    D 邻居家

18. A 促进睡眠
    B 调整心情
    C 联络感情
    D 锻炼身体

19. A 二十多
    B 二百多
    C 两千多
    D 两块多

1·1·1·1·1·1·1

20. A 有些多
B 不太多
C 有些少
D 还可以

21. A 无所谓
B 随便给
C 加强教育
D 不能给

22. A 不再给钱
B 少给一些
C 没有改变
D 教育孩子

23. A 书店
B 网上
C 街边
D 小店

24. A 种类多
B 方便又便宜
C 没有时间
D 能看看书

25. A 身体肥胖
B 心脑血管疾病
C 血脂浓度增高
D 肝炎

26. A 越来越多
B 越来越少
C 减少20%
D 减少30%

27. A 一日三餐
B 一日两餐
C 少吃多餐
D 多吃少餐

28. A 运动太多
B 水果丰富
C 食物丰富
D 赞成"能吃是福"的说法

29. A 控制饮食
B 一日多餐
C 肠胃好的话可以多吃
D 通过运动帮助消化

30. A 文理分科导致人才培养水平下降
B 文理分科使学生知识结构不完整
C 文理分科导致科学精神和人文精神分离
D 文理分科是中国教育的一个特色

31. A 非常赞同
B 认为可以考虑
C 不太赞同
D 非常反对

32. A 文科学生
B 理科学生
C 高一新生
D 青岛二中的学生

33. A 有利于学生建立完整的知识结构
B 有利于学校安排教学活动
C 有利于提高学生的整体素质
D 有利于学生在知识的交叉中创新

34. A 卫生医疗部门
B 森林防火部门
C 市气象局
D 交通部门

35. A 北京市
B 上海市
C 哈尔滨市
D 南京市

1·1·1·1·1·1·1

36. A 心血管疾病
    B 脑血管疾病
    C 流感
    D 肺炎

37. A 气温偏高
    B 气温偏低
    C 降水比较多
    D 大风比较多

38. A 地震
    B 洪灾
    C 火灾
    D 战争

39. A 暴风雨
    B 1900 多人失去生命
    C 数万座房屋被毁掉
    D 万年一遇的洪水

40. A 地势较高的地方
    B 地势较低的地方
    C 鹿特丹港口的入口
    D 荷兰的西北部

2·2·2·2·2·2·2

二、阅读理解

（40题，45分钟）

说明：41～80题，每段文字后都有几个问题，每个问题都有ABCD四个答案，请阅读后根据每题要求选择唯一恰当的答案，并在答卷相应字母上画一横道。

41

儿歌是这个世界送给每一个童心的礼物，它在孩子们的乐园里美妙地流传着，我们精心收集了许多孩子们普遍喜欢的儿歌，通过学习，你会发现儿歌的世界里有那么多可爱有趣的知识在等着小朋友去发现。

【41】 文中画线词拼音正确的一个是：

A 礼物(lǐmào)　　B 流传(liúzhuǎn)

C 精心(qīngxīn)　　D 收集(shōují)

42

19世纪70年代，人类发明了电话，30年后又发明了无线电收音机，于是有人很自然地想到要发明二者的结合体——移动电话，它既具备无线电的移动性，又拥有电话的沟通功能和大范围的网络覆盖面。

【42】 这段文字讲述了移动电话：

A 使用的技术　　B 产生的时期　　C 具有的功能　　D 产生的起因

43～45

"慢食"，就其字来看似乎单指慢慢食用的意思。"想长寿吗？慢点儿吃"，这是许多国家健康及饮食专家长期以来所倡导的。科学研究表明，细嚼慢咽后，食物对胃的刺激明显减少了。此外，因仔细咀嚼分泌的大量唾液里，还含有15种能有效降解食物中致癌物质的酶。每口食物咀嚼20次以上，每次进餐时间在45分钟以上，是维持健康的基础。尽管细嚼慢咽有积极的健康意义，但是这里的"慢食"__43__慢吃的意思，而是针对"快餐"而建立的一种文化创新，它反对速食，鼓励人们放慢生活节奏，回归传统餐桌，享受美食的乐趣。

【43】 文中__43__处应该填写的词语是：

A 包含　　B 不但　　C 就是　　D 并非

【44】 下面哪一项不是细嚼慢咽可能产生的好处？

A 减少对胃的刺激　　B 分泌有效降解食物中致癌物质的酶

C 使人长寿　　D 让人更瘦一些

【45】 作者认为：

A 慢食就是慢慢吃饭　　B 慢食就是要好好享受生活

C 慢食是一种创新　　D 只有慢食才能让人身体健康

2·2·2·2·2·2·2

46～47

南宫村有___46___的地热、旅游资源，游客在观光过程中，可以___47___到新农村的建设过程，了解新农民的生活。

【46】文中___46___处应该填写的词语是：

A 丰富　　B 富裕　　C 丰产　　D 丰收

【47】文中___47___处应该填写的词语是：

A 体现　　B 体会　　C 体检　　D 体面

48～49

大学应当根据就业需要及时___48___教学内容和专业方向，增强毕业生的岗位适应性。教育部也出台了七项措施，促进 2009 届毕业生顺利就业。其中有鼓励毕业生到___49___、到企业、到边远地区就业的各项政策。

【48】文中___48___处应该填写的词语是：

A 调皮　　B 调节　　C 调整　　D 调剂

【49】文中___49___处应该填写的词语是：

A 基础　　B 基层　　C 基本　　D 基地

50～51

机考的主要目的是测试新系统是否___50___，并不是___51___获取机考成绩。因此考试并不另外收取报名费。实行机考后，将采取一人一机一套题的考试方式，防止考前泄密或者作弊。

【50】文中___50___处应该填写的词语是：

A 完善　　B 完整　　C 完成　　D 完全

【51】文中___51___处应该填写的词语是：

A 因为　　B 为了　　C 为难　　D 为止

52～56

【房屋位置】房子是中等装修，有冰箱、饮水机、洗衣机，可做饭，洗澡方便，能上网。位于学院路海丰园小区，楼下就是公交车站，房子设施齐全，干净整洁，环境幽雅。

【面向对象】考研者及其亲属、学生、出国留学人员、短期培训人员等。

【用　　途】自住

【短租价格】60 元/天

【长期出租】700 /月（单人间，三个月起租，包水电气费、卫生费、物业费）

【友情提醒】租房时请带好身份证等___52___证件。

【看房时间】中午 12 点之前

【入住时间】签合同后当天即可入住。

【联系电话】13522344848　张先生

【52】文中___52___处应该填写的词语是：

A 有利　　B 有效　　C 效果　　D 效率

【53】适合租这套房子的人不包括：

A 看望学生的父母　　B 参加英语培训班的学生

C 没有身份证的人　　D 打算出国留学复习功课的人

【54】在这套房子里不能做的事情是：

A 每天洗澡　　B 自己做饭　　C 上网　　D 开公司

【55】如果要租一个月，房租大概是多少钱？

A 700元　　B 60元　　C 1800元　　D 760元

【56】这段文字是一则：

A 租房启事　　B 新闻消息　　C 房屋广告　　D 房屋介绍

57～58

相信大多数土生土长的中国人早就对相声这门艺术再熟悉不过了，相声大师马三立、侯宝林的名字早已耳熟能详。起源于北京街头的相声，不用任何布景，甚至连舞台都不设。相声讲究"说学逗唱"，说，主要是讲笑话；学，是模仿多种声音、方言和神态；逗，是利用噱头制造反差强烈或自我解嘲似的笑料；唱，是夸张演唱戏曲或幽默歌曲。这一切，目的只有一个，让您开怀一笑。所以相声又被称为"笑的艺术"。

【57】"耳熟能详"的意思是：

A 听说过　　B 非常熟悉　　C 听起来很熟悉　　D 感觉很熟悉

【58】通过这段文字，我们知道相声：

A 相声大师马三立、侯宝林是北京人

B 是老百姓很喜欢的艺术形式

C 对演员的要求不高

D 被称为"笑的艺术"，是因为演员总笑

59～62

英国女王在最近一次公开议会上颁布命令称，禁止超市酒类进行"买一赠一"的促销活动。禁令称，这是为了整治国家治安、减少犯罪活动。英国相关部门的大臣说，此举(59)是为了减少人们购买过多酒类的消费欲望，节约开支，同时有助于帮助人们减少过度饮酒造成的危害，比如健康危害和暴力犯罪。但是反对者表示，对于生活拮据、酒类消费适度的家庭来说，这种不当的政府施压无疑(60)会导致人们每周账单数额的上升。此禁令明年才会正式形成法律。届时，酒商们必须遵照新的规定销售，否则将面临巨额罚款。酒类销售人员都要经过培训，并在销售的酒类中明确标明酒精含量。

【59】文中的画线部分"此举"指的是：

A 英国女王　　B 公开议会

C 促销活动　　D 禁止酒类"买一赠一"

【60】可以替代文中的画线部分"无疑"的是：

A 可能　　B 肯定　　C 应该　　D 无论

【61】"买一赠一"的促销活动：

A 控制人们购买过多的酒类　　　　　　　　　B 减少酒类对身体的危害

C 对于能控制酒量的人来说是很好的　　　　　D 明年就会形成法律

【62】哪种人可能最不愿意禁止“买一赠一”的活动？

A 酒商　　　B 英国女王　　　C 穷人　　　D 英国大臣

63～65

1995年，上海，水城路，120平米的店面，一个年轻美丽的台湾女子开始了她在上海的事业。她最初的愿望只是想让自己和周遭的台湾老乡能每天吃一顿比较像样的豆浆油条早餐，但没想到店一开张，门口就排起了长队，有的顾客__65__从很远的地方赶来。原来当时上海的豆浆油条都在临时搭建的小帐篷里卖，豆浆很淡，油条也不够美味。而这位女子的油条配方则是历经三代，是由她的父亲传给她的，所用的面粉特别订制，其颜色、筋度、吃水度都是制作油条的最佳选择。除此以外，她一直坚持使用传统的制作工艺、知名油品并定时更换新油，保证做出的油条金黄香脆、新鲜可口。豆浆也选用东北特级黄豆，经泡、磨等传统工艺制成，做出的豆浆豆香浓郁、爽滑可口。

【63】下面哪一项不是台湾女子做的油条好吃的原因？

A 配方很好　　　　　　　　　　　B 特别订制面粉

C 使用质量好的油　　　　　　　　D 选用东北特级黄豆

【64】关于豆浆，说法正确的是：

A 1995年的时候，上海的豆浆大多是饭店卖

B 台湾女子觉得上海的豆浆不好喝

C 当时的上海人觉得台湾女子的豆浆和其他人做得差不多

D 台湾女子最初做油条豆浆是为了让上海人吃到像样的早餐

【65】文中__65__处应该填写的词语是：

A 甚至　　　B 所以　　　C 虽然　　　D 差不多

66～69

中国、韩国等亚洲国家都有寄贺年卡的传统，不过中国人现在已经习惯群发电子贺卡，而日本人却恪守着邮寄纸质贺年卡的传统。说起来，这种行为既消耗金钱，又给邮局造成定时炸弹般的巨大压力。日本政府__67__建议民众使用电子贺卡，还不断播放“5万张贺年卡就意味着一棵树”的公益广告，但大多数日本人就是改不了这个习惯。也难怪，日本人平时大多“老死不相往来”，就靠贺卡来维系一些八竿子打不着(68)的社会关系呢。实际上，日本的贺年卡已经形成一种文化。首先，贺年卡有着强烈的官方色彩。很多都是统一规格尺寸，由政府授权邮局在全国各地发行；其次，在日本，除了私人之间互送贺卡外，商家的贺卡交流也是不可缺少的社交功课。日本流行这样一个说法：“一个公司如果能送出100张贺卡，那么业务便可维持下去；如果能送出500张贺卡，生意就不用愁了。”

【66】下面哪一项不是日本政府建议民众使用电子贺卡的原因？

A 浪费钱　　　　　　　　　　　　B 导致邮局非常忙碌

C 不环保　　　　　　　　　　　　D 电子贺卡漂亮

2·2·2·2·2·2·2

【67】文中__67__处应该填写的词语是：

A 再三　B 再说　C 实在　D 其实

【68】文中的画线部分“八竿子打不着”的意思是：

A 互相不联系　B 很遥远，不亲密

C 从来不打架　D 不打招呼

【69】日本流行的关于贺卡的说法说明：

A 日本的公司很喜欢送贺卡

B 日本的公司也送贺卡

C 贺卡是日本公司维系社会关系的重要工具

D 贺卡可以让日本的公司有生意

70～74

古人建的桥都是女性的，今人建的桥，似乎都是男性的。且看那西湖上的四大名桥，各自婀娜多姿。先看唐人的断桥，名断实不断，只会在冬日里添上一层薄雪，丝丝粘粘的，从白皑皑的一片中断出一截，乃有断桥之名。再看那一点儿也不长的长桥，贴着水面左弯右拐的，和湖面湿成一片。再从那苏小小病殁的西泠桥畔，漫步到苏大学士的压堤桥前，吟唱起“桥外飞花似郎意，桥边深水似侬情”。可见那古人建的桥，显然是女的。再看苏州网师园中的三步桥，小巧玲珑，笔者只一步就跨过了。而今人建的桥，却又转了个性别似的，都成男的了。就好像笔者五年前去的南京长江大桥，虽已残旧，却依旧让人想起小学课本上毛泽东“一桥飞架南北，天堑变通途”的波澜壮阔。你说那能不是男的吗？再看香港的青马大桥。青马大桥是全球最长的行车及铁路吊桥，青马大桥最美是入夜之际，好像一条金光璀璨的火龙。能说他不是条刚烈的汉子吗？还有悉尼港上的哈伯桥，今年75岁了，依然是世界上同类桥梁中最宽阔的。人会老，桥却不会。桥上一根根又粗又硬又壮又黑又热的钢枝接到一起，每根都是力的表现。

【70】作者认为桥有男女之分主要是因为：

A 桥的历史长短不同　B 桥的长短不同

C 桥的宽窄不同　D 桥的风格不同

【71】西湖上的“四大名桥”指的是：

A 三步桥、断桥、西泠桥、压堤桥

B 长桥、断桥、西泠桥、压堤桥

C 三步桥、断桥、苏小小桥、压堤桥

D 长桥、断桥、西泠桥、青马大桥

【72】下面哪一个词不是描写男性桥的？

A 波澜壮阔　B 刚烈　C 又粗又硬　D 小巧玲珑

【73】“断桥”得名的原因是：

A 桥是断的

B 桥很短，“断”和“短”读音差不多

C 下雪的时候，桥面有的地方没有被雪覆盖，露出一截，好像断了

D 一下雪，桥上就不能走了，交通就中断了

【74】适合做这段文字标题的是：

A 桥男桥女——桥的性格之分析　　B 西湖四大名桥

C 古桥今桥之大不同　　D 世界上的桥

75～80

记　　者：你给我们谈谈支教生活的感受吧。在那里工作是不是很辛苦？

志愿者小任：我们是团中央第九届扶贫接力计划研究生支教团志愿者。决心支教西部时，大家都做好了吃苦的准备，但是库尔勒太美丽了，干净整洁的街道，与周围沙漠景色不同的绿色，潺潺流动的孔雀河，都使我们在瞬间迷上了这个盛产香梨的魅力城市。所以在物质生活上，并没有太多的苦吃。

记　　者：你的教学工作进行得顺利吗？

志愿者小任：我教的是高一，孩子们正处在生理与心理的双重变化中，对于年轻的新老师，他们热烈欢迎，但是上课时，总有人说话，直接影响教学效果。我不断反思，不断听有教学经验的老师的课，发现他们不仅能够把知识的重点难点分得很清楚、细致，而且对课堂的掌控也非常出色。同学科的老师很热心地帮助我，还特意组织了一次教研活动，对我的课进行了点评。在他们的帮助下，我控制课堂的能力有了明显的提升，孩子们上课时精力集中了，成绩也有了提高。我还和其他志愿者共同参与了学校的多项活动：组织并协助举办一二·九大合唱，跟孩子们一起在社区打扫卫生，并一起慰问巴音郭楞蒙古自治州福利院的小朋友们，协助举办了库尔勒市第四中学第七届话剧节和广播操比赛，组织带领学校的新团员参加王震将军纪念碑前举行的新团员宣誓和成人仪式。__75__已经结束了在库尔勒市第四中学的支教生活，我的身份也从老师变成了学生，<u>但是我的思绪还常常停留在新疆的讲台上</u>(76)。

【75】文中__75__处应该填写的词语是：

A 尽管　　B 尽量　　C 尽力　　D 尽心

【76】替代文中的画线部分“但是我的思绪还常常停留在新疆的讲台上”最好的一项是：

A 我还常回新疆去教课

B 我还经常想起在新疆教课的事情

C 我还想回新疆

D 我的一些想法还在新疆的课堂上发挥作用

【77】为什么志愿者在物质生活上没有吃太多苦？

A 教课的工资比较高　　B 已经有了思想准备

C 库尔勒的自然环境、条件很好　　D 课很好教

【78】下面哪件事是小任做志愿者期间没有做的？

A 组织教研活动　　B 组织举办大合唱

C 跟学生一起到社区搞卫生　　D 组织新团员参加成人仪式

【79】库尔勒第四中学的孩子们：

A 不喜欢来支教的老师

B 和老师一起去看望了福利院的小朋友

C 都参加了王震将军纪念碑前举行的新团员宣誓仪式

D 参加了支教活动

【80】如果给这段文字加一个标题，最好的是：

A 库尔勒见闻

B 我在库尔勒的支教生活

C 库尔勒的教育现状

D 从学生到老师的转变

3·3·3·3·3·3·3

三、书面表达

（16 题，45 分钟）

第一部分

（15 题，10 分钟）

一、81～90 题，在每题的语句中有一画横线处，题后有 ABCD 四个答案，其中只有一个可以放入横线处使语句表达通顺。请找出来并在答卷字母上画一横道。

81. 如果能学会几样四川菜，________自己可以饱口福，________可以让亲友大开眼界呢！
   A 除了……还……
   B 只要……就……
   C 只有……才……
   D 不管……都……

82. 有些东西________失去，________再也得不到了。
   A 因为……所以……
   B 不是……而是……
   C 一旦……就……
   D 虽然……但是……

83. ________，他们的脑海里并没有真切的形象来对应。
   A 对于你所叙述的事实
   B 为了你所叙述的事实
   C 按照你所叙述的事实
   D 通过你所叙述的事实

84. 他珍爱________。
   A 那些散步在海滩边的美好回忆
   B 在海滩边散步那些的美好回忆
   C 那些在海滩边散步的美好回忆
   D 那些美好在海滩边散步的回忆

85. 实践证明，不同年代的孩子有着________。
   A 各自的个性和不同特点
   B 不同的个性和各自特点
   C 不同各自的个性和特点
   D 各自不同的个性和特点

86. 满人很有语言天赋，________。
   A 为北京语言的形成有很大的作用
   B 对北京语言的形成有很大的作用
   C 把北京语言的形成有很大的作用
   D 给北京语言的形成有很大的作用

87. 在得知父亲去世的消息后，她________。
   A 忍不住大哭了起来
   B 起来忍不住大哭了
   C 忍不住起来大哭了
   D 大哭起来忍不住了

88. 我觉得他________，虽然销量还不错。
   A 近几年的作品比不上完全刚出道的时候

B　近几年的作品完全比不上刚出道的时候
C　近几年的作品完全刚出道的时候比不上
D　完全近几年的作品比不上刚出道的时候

89. 精致的外观，丰富的内涵，________！

A　是真一件经典的艺术品啊　　B　是一件经典的真艺术品啊
C　是一件真经典的艺术品啊　　D　真是一件经典的艺术品啊

90. 英语这种世界沟通工具的普及，________。

A　使得中国与世界尽可能地无缝对接　　B　使得中国与尽可能地世界无缝对接
C　使得尽可能地中国与世界无缝对接　　D　使得中国与世界无缝对接尽可能地

二、91～95 题，在这一部分里，每题的语句中有 ABCD 四个下画线的词语，去掉其中某一个词语会使句子变成病句。请找出这个不能删去的词语，然后在答卷的字母上画一横道。

91. 他讲过(A)的话，就算对(B)自己非常(C)不利，他还是会(D)按诺言照做。

92. 小时候(A)父亲老(B)喜欢和我说："一个人只有先(C)尊重自己，才能得到(D)别人的尊重。"

93. 在几千年的文明史中，酒几乎(A)渗透到(B)社会(C)生活中的各个(D)领域。

94. 一(A)到夏天，福州沿街的芒果树又(B)被(C)沉甸甸的果实压低了头(D)。

95. 尽管(A)她受了那么(B)多折磨，医生还是(C)说她健康状况很好，只是得多(D)活动。

第二部分

（作文，35 分钟）

作文要求：

1. 写作前认真阅读作文前提示，按提示要求在规定的时间内写完。
2. 用汉语简化字书写。每个空格写一个汉字，汉字书写要清楚工整；每个标点符号占一个空格，标点符号要正确。
3. 作文中不得出现跟考生有关的校名、地名和真人姓名。

3·3·3·3·3·3·3

作文提示：

在下面的作文中，你将有 35 分钟的时间来写一篇短文。请按照以下的提示给帮助过你的人写一封信，全篇文章内容不得少于 350 字（不包括已给出的提示语句）。

提示：

人的一生中，总是会接受很多人的帮助。父母、老师、朋友，还有很多不认识的人。如果让你写一封信来感谢他们，你会写给谁？会怎么写呢？

给帮助过我的人的一封信

3 • 3 • 3 • 3 • 3 • 3 • 3

MHK
中国少数民族汉语水平等级考试（三级）

笔 试 部 分

模拟试卷（四）

注 意 事 项

一、汉语水平等级考试试卷分为卷Ⅰ和卷Ⅱ两部分：

1. 卷Ⅰ为客观选择题，每题都有四个供选择的答案，要求在答题卡上画出代表正确答案的字母，每题只能画一横道，如 [A][B]■[D]，多画作废。

   请考生注意：卷Ⅰ使用阅读机阅卷，答案必须用铅笔画在答题卡上，不能写在试卷上。

   卷Ⅰ包括三项内容，共 95 题：

   （1）听力理解（40 题，约 30 分钟）

   （2）阅读理解（40 题，45 分钟）

   （3）书面表达（15 题，10 分钟）

2. 卷Ⅱ为书面表达主观题（作文），35 分钟。内容用黑色钢笔或签字笔写在答题卡的方格内。

   全部考试时间约 120 分钟。

二、注意每部分试题的答题说明，严格按照说明的要求，在规定的时间内回答问题。

三、严格遵守考场规则，听从主监考的指挥。考试结束后，必须把试卷和答题卡放在桌子上，等监考人员收回、清点后，才能离场。

1·1·1·1·1·1·1

一、听力理解

（40 题，约 30 分钟）

第一部分

说明：1～15 题，这部分试题，都是两个人的简短对话，第三个人根据对话提出一个问题，请你在四个书面答案中选出唯一恰当的答案。

例如：第 8 题，你听到：

第一个人说：……

第二个人说：……

第三个人问：……

你在试卷上看到四个答案：

A 衬衫　**B** 毛衣　**C** 裤子　**D** 鞋子

第 8 题唯一恰当的答案是 **C**，你应该在答题卡上找到号码 8，在字母 **C** 上画一横道。横道一定要画得粗一些，重一些。

8 ［**A**］［**B**］ ■ ［**D**］

1. A 佩服
   B 羡慕
   C 崇拜
   D 好奇

2. A 古建筑
   B 现代建筑
   C 照片
   D 朋友

3. A 相信
   B 同情
   C 生气
   D 怀疑

4. A 没有
   B 下次买
   C 不合适
   D 买到了

5. A 一位母亲
   B 两个大学生
   C 外国人
   D 陌生人

6. A 母子关系
   B 上下级关系
   C 师生关系
   D 同学关系

7. A 看舞蹈表演
   B 看体育比赛
   C 看电影
   D 看电视剧

8. A 上课
   B 打电话
   C 开会
   D 聊天儿

1 • 1 • 1 • 1 • 1 • 1 • 1

9. A 电视台
 B 电台
 C 报社
 D 出版社

10. A 同事
 B 同学
 C 夫妻
 D 母子

11. A 学校
 B 医院
 C 心理咨询
 D 饭店

12. A 老年人
 B 青年人
 C 六十出头儿
 D 年过半百

13. A 喜悦
 B 担忧
 C 平静
 D 顾虑

14. A 汽车
 B 火车
 C 飞机
 D 轮船

15. A 工作效率
 B 工作时间
 C 各个国家
 D 发达国家

1·1·1·1·1·1·1

第二部分

说明:16～40 题,在这部分试题中,你将听到几段简要的对话或讲话。每段话之后,你将听到几个问题,请你在四个书面答案中选出唯一恰当的答案。

例如:第 25～27 题,你听到:

第一个人说:……

第二个人说:……

……

第三个人根据这段对话提出 3 个问题:

25. 问:……

你在试卷上看到四个答案:

A 饭馆　**B** 邮局　**C** 商店　**D** 路口

根据对话,第 25 题唯一恰当的答案是 **A**,你应该在答题卡上找到号码 25,在字母 **A** 上画一横道。横道一定要画得粗一些,重一些。

25 ▬ [**B**] [**C**] [**D**]

……

你又听到:

27. 问:……

你在试卷上看到四个答案:

A 寄信　**B** 打电话　**C** 取包裹　**D** 买报纸

根据对话,第 27 题唯一恰当的答案是 **D**,你应该在答题卡上找到号码 27,在字母 **D** 上画一横道。横道一定要画得粗一些,重一些。

27 [**A**] [**B**] [**C**] ▬

如果是一段讲话,在播放完讲话后,提出几个问题。

16. A 喜欢
    B 不喜欢
    C 不知道
    D 无所谓

17. A 有恐惧感
    B 不照顾
    C 家人反对
    D 房间太小

18. A 放弃
    B 试试
    C 无所谓
    D 学习学习

19. A 都爱打游戏
    B 都爱逛街
    C 都不爱逛街
    D 都爱上网

1·1·1·1·1·1·1

20. A 不喜欢
B 喜欢
C 偶尔
D 说不好

21. A 娱乐
B 发泄
C 消遣
D 工作

22. A 聊天儿
B 喝酒
C 打游戏
D 逛街

23. A 不想工作了
B 工作累了
C 有时间了
D 想陪陪女的

24. A 朋友
B 夫妻
C 同事
D 同学

25. A 蒙古国
B 内蒙古
C 新疆
D 塔克拉玛干沙漠

26. A 约三分之二来自境内
B 约三分之二来自境外
C 约三分之一来自境外
D 来自境内、境外的各占一半

27. A 西北路径
B 偏西路径
C 偏北路径
D 西南路径

28. A 西北和西南
B 西北和华北
C 西北和中南部
D 东北和东部

29. A 森林火灾
B 冰雪灾害
C 生态灾难
D 干旱

30. A 长江流域
B 珠江流域
C 南方 19 个省区
D 南方山区

31. A 栖息地被破坏
B 没有了食物来源
C 没有了水源
D 温度太低

32. A 森林的生态功能大大减弱
B 长江、珠江受到污染
C 造成了巨大的经济损失
D 多年的植树造林成果被毁

33. A 塑料袋
B 环保袋
C 白色袋子
D 袋子

34. A 超市
B 商场
C 集贸市场
D 医院

35. A 1000 多个
B 3000 多个
C 1000 万多个
D 500 万多个

36. A　塑料袋污染环境
B　环保袋便宜
C　环保袋时尚
D　环保袋方便

37. A　大风
B　降雨
C　降温
D　炎热

38. A　山西
B　山东
C　辽宁
D　河南

39. A　防火
B　放牧
C　旅游
D　运输

40. A　土壤保湿
B　净化空气
C　灭菌
D　交通

2·2·2·2·2·2·2

二、阅读理解

（40题，45分钟）

说明：41～80题，每段文字后都有几个问题，每个问题都有ABCD四个答案，请阅读后根据每题要求选择唯一恰当的答案，并在答卷相应字母上画一横道。

41

每个民族都有其独特的性格，人民常常谈及法国人的浪漫、日本女子的柔顺等。同样，德国人也有其明显特点。凡同德国人接触过的，大都会认为德国人认真、执著，这个民族诞生了许多世界级的科学家。

【41】文中画线词拼音正确的一个是：

A 柔顺(róusūn)　　B 接触(jiēchù)

C 大都(dàdū)　　D 诞生(yánshēng)

42

天寒地冻的时候，大家都开始戴帽子，因为大家都知道，头部会丧失身体40%～50%的热量。如果这是真的，人们应该在不戴帽子的时候感冒而不是在不穿衣服的时候感冒，但显然事实并非如此。一项最新研究证明，头部热量散失并没有任何特别之处，身体任何没有被覆盖的部位都会散热，并且按裸露的比例降低体温。所以，在寒冷的户外，你需要把全身都保护好。至于戴不戴帽子，随你。

【42】通过这段文字，我们知道冬天戴帽子：

A 可以避免感冒　　B 可以保护头部不散失太多的热量

C 就可以不穿衣服　　D 对阻止身体热量散失并没有太大作用

43～44

与牛奶巧克力相比，黑巧克力更能减少我们对甜味、咸味和脂肪食物的渴望。研究人员让志愿者事先禁食12小时，然后在15分钟内分别食用100克黑巧克力和牛奶巧克力，这两种巧克力的热量是一样的。在随后的5小时内，让他们随意享用比萨直到吃饱。结果发现，食用黑巧克力的人摄取的食物比食用牛奶巧克力的少15%，志愿者表示他们不那么想吃东西了。研究人员表示，除了富含对健康有益的不饱和脂肪酸和抗氧化剂之外，黑巧克力还能使我们避开高热量的节日食品。

【43】下面说法正确的是：

A 人们更喜欢吃牛奶巧克力

B 黑巧克力对身体有好处

C 吃牛奶巧克力的志愿者饥饿感轻一些

D 黑巧克力比牛奶巧克力更甜

【44】通过这段文字，我们知道，节日的时候：

A 可以多吃一些比萨减轻饥饿感　　B 应该禁食

C 应该吃一点儿黑巧克力　　D 应该多吃一些牛奶巧克力

45～46

在生活压力、职业安排等多种因素影响下，晚婚已是寻常现象。上海市民政局最新发布的统计__45__：2008 年上海居民平均结婚年龄为男性 32 岁、女性 29.6 岁。统计显示，2008 年在上海市民政部门__46__国内结婚登记的人为 138981 对，比上年增长 17.96%。

【45】文中__45__处应该填写的词语是：

A 表示　　B 明白　　C 显示　　D 明显

【46】文中__46__处应该填写的词语是：

A 办理　　B 办公　　C 举办　　D 办法

47～48

蔡晓荣介绍，《你好，阿凡提》通过舞台艺术表现__47__，反映了亲情、友情、爱情，折射出一种和谐的社会氛围。该剧将于明年元月在人民剧场登台亮相，并__48__上演 30 场，门票均价会在 70 元左右。

【47】文中__47__处应该填写的词语是：

A 形象　　B 形态　　C 形势　　D 形式

【48】文中__48__处应该填写的词语是：

A 连续　　B 连绵　　C 连接　　D 联络

49～50

腹泻患者应该少食多餐，多吃一些清淡、富有营养、易__49__的食物，少食油脂过多的食物，以免造成__50__不良。待病情好转后数日逐渐过渡到正常饮食。

【49】文中__49__处应该填写的词语是：

A 消失　　B 消化　　C 消除　　D 消耗

【50】文中__50__处应该填写的词语是：

A 吸引　　B 吸收　　C 吸取　　D 呼吸

51～55

1 月 18 日影视指南

以下仅供__51__，请以当地电视台的播出为准：

电视剧

17:30 搞笑一家人(精编版)(江苏影视)

19:00 射雕英雄传(33～35)(江苏影视)

19:30 大理公主(18～20)(央视八套)

19:35 敌营十八年(23、24)(浙江卫视)

19:48 父亲(16、17)(中国教育)

2·2·2·2·2·2·2

19:58 空镜子(8、9)(江苏教育)

电影

19:35 雪狼(央视六套)

22:05 奔腾年代(美)(央视六套)

22:20 电影梦工厂(江苏影视)

综艺

18:45 第一道彩虹(南京娱乐)

19:30 欢乐中国行(央视三套)

19:30 绝对时尚(旅游卫视)

21:16 想挑战吗(央视三套)

22:23 中国音乐电视(央视三套)

23:30 流金岁月集锦(央视三套)

【51】文中__51__处应该填写的词语是:

A 参加　B 参考　C 考虑　D 考查

【52】下面哪个时间开始的节目最多:

A 19:00　B 19:30　C 19:35　D 19:40

【53】如果想看电视剧有几个电视台可以看?

A 3个　B 4个　C 5个　D 6个

【54】晚上 11:40 最有可能正在播出的节目是:

A 搞笑一家人　B 雪狼　C 流金岁月集锦　D 第一道彩虹

【55】这是一则:

A 新书广告　B 报名通知　C 讲座通知　D 节目预告

56～58

每年春节因燃放烟花都会有人受伤。被焰火烧着后,应立即远离现场,然后迅速脱掉着火的衣服,用自来水冲洗。头部烧伤时,可取冰箱中的冰块,用打湿的干净毛巾包住做冷敷,尽快用冷水冲淋烧伤处。另外,一定要尽快到附近医院就诊。如果炸伤了眼睛,千万不要去揉擦和乱冲洗,最多滴入适量的消炎眼药水,平躺,并急送医院。如手部或者足部被鞭炮等炸伤流血,家人则应迅速用双手卡住出血部位的上方,用云南白药粉或者三分粉撒上止血。受伤后切勿在患处涂抹牙膏、酱油等物。

【56】下面哪一种情况不能用水冲洗?

A 被焰火烧着后　B 头部烧伤时

C 炸伤了眼睛后　D 任何时候都不行

【57】如果手被鞭炮炸得流血了,需要:

A 用打湿的干净毛巾包住做冷敷　B 在流血的地方抹牙膏

C 尽快用冷水冲淋　D 用云南白药粉或者三分粉撒上止血

【58】处理头部烧伤和眼睛炸伤相同的一点是：

A 用水冲洗　　B 尽快去医院

C 撒上云南白药粉　　D 用打湿的干净毛巾包住做冷敷

59～62

近年来，新疆玛纳斯县通过各乡镇“小康文化户”、“文化中心户”、“文化专业户”来引领农村文化生活，＿60＿“文化三户”利用冬闲时节，组织本村村民开展各类文化活动，带动了一大批农民参与其中，各乡镇场站的演出场地都可以看到他们忙碌的身影。这些非专业的演职人员还利用农闲时节，自发地在县城老年活动中心、文化广场、公园等地表演新疆曲子剧、秦腔等节目，有时还请县城的戏曲票友在乡村演出，形成一种城乡文化互动氛围(61)。目前，该县共有“文化三户”168户，在他们的带动下，农民中还涌现出一些“藏书、读报之家”、“戏曲演唱之家”等文化户。

【59】下面哪一项不是新疆玛纳斯县的农村文化生活？

A 开展各类文化活动　　B 表演新疆曲子剧、秦腔等

C 去省城演出　　D 出现“藏书、读报之家”等文化户

【60】文中＿60＿处应该填写的词语是：

A 鼓动　　B 鼓励　　C 发展　　D 奖励

【61】文中的画线部分“形成一种城乡文化互动氛围”的意思是：

A 城乡气氛很好　　B 城乡文化互相交流

C 城乡文化差距很大　　D 发展城乡文化生活

【62】农民中还涌现出一些“藏书、读报之家”、“戏曲演唱之家”等文化户说明：

A 以前没有农民看书和报纸　　B 以前农民不喜欢戏曲演唱

C 现在农民的文化生活越来越丰富了　　D 现在农民的生活越来越好了

63～66

色彩鲜艳、款式多样、轻巧耐用，仿瓷餐具由于有这些优点，受到了很多消费者的青睐，更成为一些家长给宝宝练习吃饭的专用餐具。仿瓷餐具的专业名称叫密胺餐具，是由三聚氰胺树脂生产而成的，这是一种成熟的食品包装工艺，其性状稳定，可耐150度高温。由于所用原材料不同，市场上的仿瓷餐具价格相差很大，批发市场可能卖三四元，而大型超市则达10元以上。但是仅从外观上，消费者很难分辨仿瓷餐具的优劣，必须进行相关试验才行，比如用水浸泡，或者盛放高温食物，劣质餐具中的甲醛和颜料就会跑出来，发出刺鼻的气味或者发生掉色发白现象。专家建议，为了安全起见，消费者应到大型商场或者超市购买，并认准生产许可证QS标志，而且要注意，真正的密胺树脂是白色的，现在市场上色彩鲜艳的仿瓷餐具都是上过色的，因此，选择白色或者浅色餐具更加安全。

【63】仿瓷餐具的特点是：

A 非常便宜　　B 有刺鼻的气味

C 漂亮、轻巧耐用　　D 一般都是宝宝使用

【64】密胺树脂的特点不包括：

A　性状稳定　　B　可用于食品包装

C　耐高温　　D　色彩鲜艳

【65】消费者怎样才能买到好的仿瓷餐具？

A　去批发市场　　B　买 10 元以上的

C　认准生产许可证 QS 标志　　D　从外观上加以辨别

【66】这段文字主要讲述了：

A　仿瓷餐具的特点　　B　密胺树脂的特点

C　怎样挑选安全的仿瓷餐具　　D　不应该使用仿瓷餐具了

67～69

对中学生逃课状况的调查分析

表 1　你在课堂上经常做什么(多选)

选项	用心听讲	睡觉	看小说	聊天儿	学其他科	想事情	其他
有效答卷	252	180	162	117	225	189	99
比例	28%	20%	18%	13%	25%	21%	11%

表 2　如果逃课选择什么课(多选)

	所学科目		任课教师		年级			教师年龄			教师学历		
选项	语文数学外语	其他学科	班主任	非班主任	初一	初二	初三	30 岁以下	30～45 岁	50 岁以上	中专	大专	本科
有效答卷	86	119	84	111	95	120	152	109	92	165	119	140	99
比例	9.6%	13.2%	9.3%	12.3%	10.6%	13.3%	16.9%	12.1%	10.2%	18.3%	13.2%	15.6%	11%

表 3　你认为逃课的原因是什么(单选)

选项	不喜欢某老师	不喜欢某学科	学校管理不严	上网	老师讲课方式落后	老师教学无艺术性	老师掌握知识老化	老师不经常考勤	对上课无兴趣	其他原因
有效答卷	135	117	99	99	81	72	81	81	90	45
比例	15%	13%	11%	11%	9%	8%	9%	9%	10%	5%

【67】学生在课堂上的表现，说法正确的是：

A　大部分学生在认真听课

B　除了认真听课的同学以外，其他同学都在做与学习无关的事情

C 可能影响其他同学上课的一项占 13%

D 几乎没有学生在认真听课

【68】通过表 2,我们可以知道:

A 年轻老师不如年纪大的老师受欢迎　　B 学生们都很重视语文、数学和外语

C 年级越低,逃课的人越多　　D 班主任的课逃课人数较多

【69】下面哪一项不属于学生逃课的原因?

A 老师的教学有问题　　B 学生自身有问题,迷恋网络或者偏科

C 学校的教学考勤管理不完善　　D 家长不支持孩子上学

70～74

美国男孩儿朱利安·克伦瑟虽然只有 5 岁,但他却拥有一流的烹饪技术,甚至主持了一个烹饪节目,成为美国目前红极一时(70)的"食神",并在全世界都拥有大量粉丝。据悉,朱利安是第一个拥有自己的电视节目也是迄今年龄最小的儿童厨师,今年晚些时候,他还将出版自己的第一本食谱。

据报道,现年 5 岁的朱利安·克伦瑟是美国俄勒冈州波特兰市的一名男孩儿,他的父亲本·克伦瑟是波特兰市"23 频道"电视台的制作人,38 岁的母亲克莉丝汀·米克基是一名图书馆网站的助理。据悉,朱利安从 3 岁起就喜欢呆在厨房里,并开始学习烹调技术,经常亲自动手做出各种美味食物。

数月前,在父亲的帮助下,朱利安甚至在波特兰市"23 频道"主持了一个烹饪节目《有食物的大厨房》。据悉,《有食物的大厨房》每隔两周播出一次,该节目是在朱利安家的厨房拍摄的。有趣的是,朱利安的表演经验并不丰富,有时他不认得灶台上的调料是什么,只好向镜头外的妈妈求助;而最搞笑的是,在烹饪时,身高只有 1.2 米的朱利安必须站在板凳上才能接触到灶台,而他手中挥舞的平底锅足有他的脑袋那么大!

据透露,纽约著名的"食品网络出版公司"正在热心地与朱利安父母接洽,商谈出书事宜,力争把朱利安打造成一个"明星级"的儿童厨师。但是更多的人们希望朱利安不要过早地成名,失去童年的快乐。

【70】替代文中的画线部分"红极一时"最好的一项是:

A 走红时间很短　　B 突然走红

C 在一段时间内很出名　　D 出名的时间有限

【71】关于朱利安说法不正确的是:

A 他拥有一流的烹饪技术　　B 他主持了一个烹饪节目

C 他在全世界都拥有大量粉丝　　D 他已经出版自己的第一本食谱

【72】通过这段文字,你觉得作者:

A 非常同情朱利安　　B 非常讨厌朱利安

C 有点儿喜欢朱利安　　D 有点儿替朱利安担心

【73】下面关于朱利安的节目说法正确的是:

A 朱利安从 3 岁就开始主持节目了　　B 朱利安的节目每周一次

C 朱利安的表演经验很丰富　　D 朱利安必须站在板凳上才能接触到灶台

【74】如果给这段文字加一个标题，最好的是：

A 5岁小“食神” B 烹饪节目《有食物的大厨房》

C 朱利安的一家 D 朱利安的童年

75～80

主持人：洋洋，暑假快要到了，你打算怎么过呢？

洋 洋：今年暑假我还是不能痛快地玩儿，因为妈妈一口气帮我报了7个培训班！奥语、奥数、英语、作文、情商课、游泳课、乒乓球，妈妈和我说的时候我＿75＿像泄了气的皮球一样。当然我也不会任由妈妈乱来，我要和妈妈争取我假期的权利。一个班也不上我可没指望，所以我和妈妈商量能不能退掉我很讨厌的作文、奥语和奥数，结果妈妈说钱都已经交了，肯定退不掉。因为这个理由，我只能硬着头皮去上课。

主持人：哇，你这个暑假真够忙的，一天要上几节课啊？

洋 洋：虽然不是每天都要上7门课，可是有的课一星期两三次，我的时间被排得满满的，家里还专门列了一张暑假课程表，要不然连妈妈都记不住。每天早上起床吃过早饭，我脑子里就全是上课、上课、上课。有一天更是像打仗一样，早上先去河海大学学奥语和奥数，然后打车去水佐岗学英语，英语一结束再打车去鼓楼学情商课。一天下来头都涨成两个大了(79)，学的什么东西我一点儿也不知道。

【75】文中＿75＿处应该填写的词语是：

A 简直 B 一直 C 简单 D 一旦

【76】下面哪门课是洋洋没有报名的？

A 作文 B 奥语 C 奥数 D 足球

【77】关于洋洋的假期下面说法错误的是：

A 洋洋暑假有7个培训班 B 洋洋每天都要上7门课

C 有时候像打仗一样 D 洋洋的时间被排得很满

【78】洋洋可能喜欢的课是：

A 奥语 B 奥数 C 作文 D 英语

【79】可以替代文中的画线部分“头都涨成两个大了”的一项是：

A 头变得很大 B 头变得比原来大两倍

C 头脑很不清楚、很累 D 头很疼

【80】可以做这篇文章标题的一句是：

A 难忘的暑假 B 一个小学生的暑假

C 像打仗一样的假期 D 洋洋的生活

3·3·3·3·3·3·3

三、书面表达

（16 题，45 分钟）

第一部分

（15 题，10 分钟）

一、81～90 题，在每题的语句中有一画横线处，题后有 ABCD 四个答案，其中只有一个可以放入横线处使语句表达通顺。请找出来并在答卷字母上画一横道。

81. ________碰到阴雨天气，国旗________依然按日出时间高高地升起在天安门广场。

A 即使……也…… B 非但……还……

C 如果……就…… D 除非……才……

82. 苏轼认为，一个人________不珍惜自己的生命，他________不会珍惜别人的生命。

A 因为……所以…… B 不是……而是……

C 如果……也…… D 不但……而且……

83. 排练的时候，他总是三天打鱼两天晒网，________。

A 是未必对演戏本身真有兴趣 B 是对演戏本身未必真有兴趣

C 未必是对演戏本身真有兴趣 D 是对演戏本身真有兴趣未必

84. 这批精致美丽的丝绸________。

A 大多出自中国苏州织工之手 B 大多出在中国苏州织工之手

C 大多出由中国苏州织工之手 D 大多出到中国苏州织工之手

85. 你们俩________，都好好想想自己的错！

A 谁说谁也别了 B 谁也别说谁了

C 说谁也别谁了 D 谁也谁别说了

86. 若太空漫步能够成功，我国将________。

A 在太空中留下真正意义上中华民族的脚印

B 在太空中留下中华民族真正意义上的脚印

C 真正意义上在太空中留下中华民族的脚印

D 留下真正意义上在太空中中华民族的脚印

87. 一张照片，一段回忆，还有________呢？

A 什么这种收藏比更加幸福美好 B 这种收藏什么比更加幸福美好

C 这种收藏比什么更加幸福美好 D 什么比这种收藏更加幸福美好

88. 我们倚在青色的船栏上，________。
A 默默地望着这美丽的海天　　B 望着默默地这美丽的海天
C 望着这默默地美丽的海天　　D 望着这美丽的海天默默地

89. 海面仍是无风无浪，许多小小的海鱼，________。
A 把我们的船所惊动　　B 为我们的船所惊动
C 对我们的船所惊动　　D 由我们的船所惊动

90. 还是那个轮椅，还是那个微笑，________！
A 他们主仆间是非常地融洽呀　　B 他们主仆间是多么地融洽呀
C 他们主仆间是那么地融洽呀　　D 他们主仆间是怎么地融洽呀

二、91～95题，在这一部分里，每题的语句中有ABCD四个下画线的词语，去掉其中某一个词语会使句子变成病句。请找出这个不能删去的词语，然后在答卷的字母上画一横道。

91. 中国的酒，绝(A)大多数是由(B)粮食酿造的，几千年来(C)深受老(D)百姓的喜爱。

92. 选择以什么(A)样的态度度过大学时光(B)是对一个(C)人是否成熟、是否学会(D)为自己负责的考验。

93. 我爱流星，我愿自己也(A)像一颗(B)流星，哪怕生命只有(C)一刹那，只要它曾经(D)亮过！

94. 中国社会正在(A)变得富裕，但是(B)富裕的一大标志就(C)是肥胖者越来越(D)多。

95. 假如我当时(A)不说那几(B)句话，那些事情也许(C)根本不(D)会发生。

第二部分

（作文，35分钟）

作文要求：
1. 写作前认真阅读作文前提示，按提示要求在规定的时间内写完。
2. 用汉语简化字书写。每个空格写一个汉字，汉字书写要清楚工整；每个标点符号占一个空格，标点符号要正确。
3. 作文中不得出现跟考生有关的校名、地名和真人姓名。

3·3·3·3·3·3·3

作文提示：

在下面的作文中，你将有 35 分钟的时间来写一篇短文。请根据下面的图画，写一篇以“树木砍伐与环保”为题的议论文，全篇文章内容不得少于 350 字(不包括已给出的提示语句)。

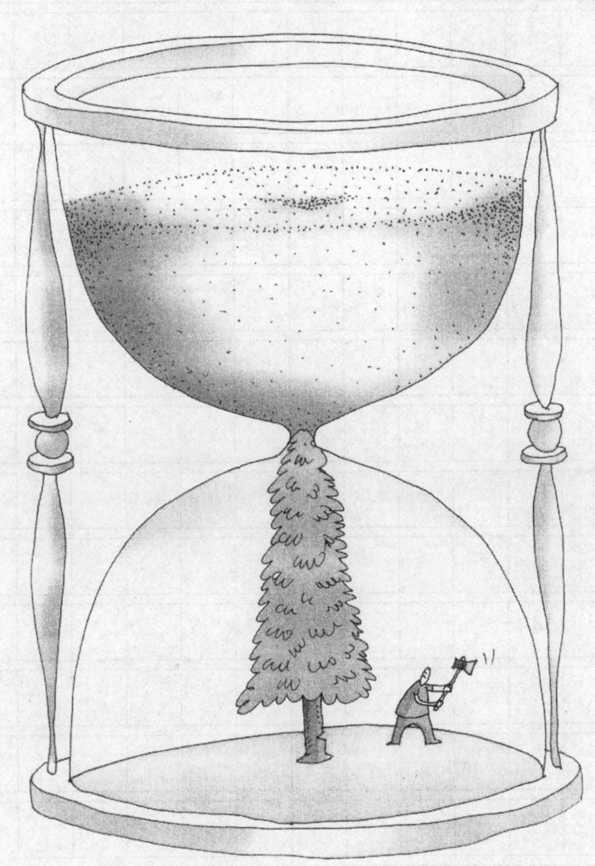

树 木 砍 伐 与 环 保

MHK
中国少数民族汉语水平等级考试(三级)
口试部分

模拟试卷(一)

一、朗读

英国的一份调查报告指出,父母不让小孩子看电视也许是错误的。因为调查发现,每天看2个小时电视的孩子比不看电视的孩子更聪明。

报告称,年龄在2岁至3岁之间的孩子,如果每天看2个小时的电视,那么他们在阅读、算术和词汇上的测验得分比不看电视的孩子高出10%,原因是看电视具有开发智力、增长知识的作用。这时看电视可能能够为孩子今后的学习打下良好的基础。

不过,随着孩子年龄的增长,电视的这种优势会逐渐减弱。对于那些年龄超过4岁的孩子,如果每周看电视的时间在16个小时以上,那么他们的学习表现会不如不看电视的同龄人。

二、回答问题

1. 看电视对两三岁的孩子有好处,是因为看电视具有什么作用?随着孩子年龄的增长,电视的这种优势会如何变化?

2. 你认为对中小学生来说,看电视好处更多还是坏处更多?为什么?

模拟试卷(二)

一、朗读

爱因斯坦有句名言:"兴趣是最好的老师。"兴趣能激发出勤奋,而勤奋能创造天才。

姚明小的时候,他的父母并没有要求他把篮球当做将来的事业,他们只是让姚明做自己喜欢的事。他们希望小姚明和普通的孩子一样读书、找工作,但姚明最终还是选择了篮球。

据说刚开始,打篮球对姚明来说只不过是一种游戏。直到9岁时,他才开始对篮球有点儿兴趣。到12岁,他已经非常喜欢篮球这项运动了。父母把他送到上海体育学院。在那里他每天都要打几个小时的篮球。他发现自己越来越热爱篮球了,而他的进步也非常快。若干年后,他终于成长为一名国际球星。

二、回答问题

1. 姚明小的时候,父母对他有什么希望?刚开始姚明是如何看待打篮球的?

2. 爱因斯坦说:"兴趣是最好的老师。"对此你有什么看法?

MHK
中国少数民族汉语水平等级考试(三级)
口 试 部 分

分项练习

【答题指南】

本部分练习由7组练习题组成。每组练习题的题量和形式都相当于一套正式口试考题，包括朗读和回答问题两个部分。每组练习题的回答问题部分也同正式考试一样包含了两道题目，第一道是封闭式问答题，第二道是开放式问答题。

由于口试的各部分题目之间在内容上具有密切的联系，因而本部分练习并没有真正地"分项"，没有将朗读和回答问题部分的题目分开列出。考生既可以按照练习的顺序逐一进行训练，也可以根据自己的实际情况，将开放式问答题与其他两个部分分开来进行训练，即先完成7组练习题中的朗读和封闭式问答题部分，然后再返回来集中练习7组开放式问答题。由于封闭式问答题需要根据朗读的内容进行回答，所以建议不要将这两个部分分开。

考生在进行这部分的朗读训练时，一定不要一看到文章就马上开始读，先要了解一下文章的大致内容，然后对文中较长的句子默读两遍，以确定停顿和重音位置，接着浏览一下全文是否有自己觉得比较难的字词，确定其发音，并联系上下文推断它的意思(但不要查词典，也不要看参考答案)。在这些准备工作做完后，再开始大声朗读。朗读时声音一定要洪亮、清晰，如果有条件录音的话，可以将每组练习的朗读声音录下来。朗读部分完成后，紧接着做回答问题的第一道题目。由于口语考试题目是借助计算机呈现的，在正式考试中朗读部分结束后，就换到下一个页面了，所以在回答问题时，是看不到朗读材料的。大家在练习时，最好朗读一结束，就用纸或本子将朗读材料遮起来，在不看材料的情况下，凭借记忆去回答封闭式问答题。回答结束后，可以参看题解和答案中的相关部分，根据其中的提示和注意事项，再次朗读文章，进行巩固。开放式问答题部分的参考答案不具有唯一性，题解也只是给出一些提示，供大家参考，帮助大家理清答题思路、积累答题材料。

通过这部分练习，希望考生们进一步巩固语音知识、提高朗读技巧、熟悉各类文章的朗读要领以及各类题目的答题思路，并且为提高口头表达能力积累更多的语言知识和语言素材。

本部分练习可不对时间进行严格限制，考生可根据需要灵活掌握。

第一组

一、朗读

尽管地球表面面积的71%覆盖着水，但是地球上97.5%的水都是咸水，只有2.5%是淡水，而其中较易供人们使用的淡水数量不足世界淡水总量的1%。

世界淡水资源的65%集中于10个国家，而占世界人口40%的80个国家严重缺水。如果一个国家年人均水量在2000立方米以下，则被称为"缺水国家"。中国是缺水国家之一。目前全国600多座城市中，有400多座城市缺水，其中严重缺水的有100多座。北京市的人均占有水量仅为全世界人均占有水量的十三分之一。在中国，节水行动已刻不容缓。

我们应牢牢地记住这句话：如果人们不珍惜水资源，那么世界上的最后一滴水将是人的眼泪。

二、回答问题

1. 地球上绝大部分水是什么水？世界上严重缺水的国家有多少个？

2. 在日常生活中我们应该如何节约用水？

第二组

一、朗读

有个成功学专家年轻时曾在美国做过十多份工作。他卖过菜刀，卖过汽车，当过餐厅服务员……到 20 岁时他的存款数还是零。一次车展上，他被一辆豪华汽车吸引住了，他站在车旁让爱人给他拍了张照片，回家后他把照片钉在了墙上。

在他经商取得成功后，有年轻人向他请教成功经验。他说："想成功的话，就给自己做个'梦想板'吧。"他拿出当年那张照片，说："以前觉得这车太贵，不敢想买，我就把它贴在'梦想板'上，天天看，并朝这个目标奋斗，后来梦想真的实现了。"原来，他一直把梦想贴出来，从小目标到大目标，每实现一个再换一个，而今这些目标基本都实现了。

二、回答问题

1. 那张钉在墙上的照片里除了这位成功学专家还有什么？这个人的成功跟他做的什么东西有关？

2. 你认为在学习和生活中目标重要吗？为什么？

第三组

一、朗读

晋(Jìn)代的时候，有个叫孙康的人，从小喜欢读书。但因为家里太穷，没钱买灯油，一到晚上他就看不了书了。晚上那么多时间不能用来读书，他觉得非常可惜，可他又实在没有办法。

一天夜里，他从睡梦中醒来，把头转向窗户时，他发现窗缝里透进一丝光亮。原来，外面下了场大雪，宽阔的大地上映出雪光，比屋里要亮多了。雪地里这么亮，不是正好可以看书吗？孙康想到这里，立即穿好衣服，取出书籍，来到屋外。他不顾寒冷，在雪地里看起书来。

此后，每逢有雪的晚上，他都不会放过机会，到雪地里读书。终于，功夫不负有心人，多年后他成为了一位有名的学者。

二、回答问题

1. 为什么以前孙康一到晚上就不能看书了？后来每逢有雪的晚上，他都会做什么？

2."功夫不负有心人"意思是说只要用心去做某事，就会获得成功或取得进步。请结合自己的经历，谈谈对"功夫不负有心人"的看法。

第四组

一、朗读

中国出版科学研究所公布的一项调查结果显示，近年来中国国民的读书率持续走低，2004 年有阅读习惯的国民仅占 5%左右。然而法国公布的调查结果显示：2004 年法国人人均读书 11 本，三分之二的读者年龄在 35 岁以下。这说明法国人特别是法国青少年仍然爱好读书。

中法两国的调查都发现，“没有时间”是那些不常读书的人的主要借口。除此之外，很多人表示不常读书是因为可以从网上获得信息。在网络时代人们还能够坚持读书吗？法国网络普及率比中国高，法国12岁～17岁的青少年中有80%以上每天上网，但这么高的上网率并没有影响法国人特别是法国青少年的读书习惯。

二、回答问题

1. 调查发现，不常读书的人的主要借口是什么？除此之外，很多人表示不常读书是因为什么？

2. 你认为在网络时代，人们还有必要坚持读书吗？

第五组

一、朗读

如果在野外碰上一群狼，你的第一反应是什么呢？有人说跑，有人说打。

稍微有些野外生存常识的人都知道，遇到野兽，千万不能扭头就跑。这是因为只要你一转身想跑，那么野兽马上就知道了你一定比它弱，所以第一个咬的很可能就是你。

在现实生活中，我们也常会遇到一些“狼”，它们或是一些欺软怕硬的人，或是一些难以解决的事。如果你不敢面对，那么一定会被它们缠上，还有可能被伤害。倒不是它一开始就专门针对你，而是因为你先做了逃跑的动作。向前跑，代表着积极、勇敢，人们会有希望战胜困难；而往后跑，则说明胆小、害怕，其结果必然是失败。

二、回答问题

1. 在野外遇到野兽，最不应该怎么做？在现实生活中“往后跑”的结果必然会怎样？

2. 生活中会总遇到这样那样的困难，你认为应该怎样面对困难？

第六组

一、朗读

不少在美国生活过的人都感觉到，美国的家庭教育与我国存在着很大的不同。美国小孩子都具有好动的天性，他们会在墙壁上乱画，会拿剪刀或刀子在书本、衣服等物品上乱剪乱划。在我国，大人看见了肯定会坚决地制止孩子；而在美国，父母们看了则会高兴于孩子学会了某种技能，绝不会为东西被损坏了而感到可惜或愤怒。美国的父母们从孩子很小的时候就开始对他们进行劳动训练，使孩子拥有一双勤劳的手。在孩子日常事务的处理上，美国父母坚持的原则是：凡是孩子自己能做的事都由孩子自己去完成。因为美国人认为孩子应该自立，应尽早培养其独立生活的能力。

二、回答问题

1. 看到孩子在墙壁上乱画等行为，中国的家长肯定会怎么做？在孩子日常事务的处理上，美国父母坚持的原则是什么？

2. 你认为我国的家庭教育存在哪些问题？应如何解决？

第七组

一、朗读

年轻的伐木工人第一天砍了 10 棵树，这时他的斧子非常锐利。第二天，他工作更加努力，却只砍了 8 棵树。他想："明天早上要早一点儿开始。"到了第三天，他拼命地工作，但只砍了 7 棵树；又过了一天，数目减少为 5 棵。到了第五天，他只能砍倒 3 棵树了，而且在黄昏之前他就已经累得砍不动了。

隔天早上，他正在费力地砍树，一个老人从这儿经过，问他："你为什么不停下来磨一磨斧子呢？"他回答："我正忙着砍树，哪有时间磨斧子啊？"

不少人像这个伐木工人一样，只知埋头苦干，却没意识到，只有做好准备工作，做事效率才会提高。"磨刀不误砍柴工"啊！

二、回答问题

1. 老人建议那个年轻的工人做什么？那个工人为什么不按老人说的做？
2. 对学生来说，如何提高学习效率？

MHK
中国少数民族汉语水平等级考试(三级)
口试部分
计时练习

【答题指南】

这部分练习由4组练习题组成，每组练习题都是严格按照正式考试的题量和形式设计的。此项练习的目的是使考生熟悉口试每一部分试题的答题时间，因而建议考生一定要严格按照正式考试的时间要求进行练习，无论是朗读还是回答问题，也无论是准备环节还是回答环节，都要在规定的时间内完成，不要超出时间限制。

口语考试的基本流程是：

一、考生根据语音提示报告自己的准考证号码、考生代号、姓名和民族等基本信息。

二、准备朗读。（倒计时60秒）

三、朗读。（倒计时90秒）

四、准备回答第一个问题。（倒计时30秒）

五、回答第一个问题。（倒计时30秒）

六、准备回答第二个问题。（倒计时60秒）

七、回答第二个问题。（倒计时60秒）

八、考试结束。

民族汉考（三级）的口试目前还没有正式开始测试，仅于2007年在新疆地区的2000多名学生中进行了试测。通过试测，口试的基本形式和评分办法均已确定，不过不排除将来正式测验时有可能进行一些细微的调整。

第一组

一、朗读

据报道，因升学考试压力大、学习异常紧张，日本小学生睡眠越来越没有规律，并且普遍睡眠不足。

一个姓山本的6年级小学生说，由于快要参加升学考试了，每天下午放学后，他的妈妈都要送他去补习班上课，常常晚上10点钟以后才能回到家。到了家他还得接着做学校和补习班的作业，预习第二天的功课。他几乎没有哪天能在夜里12点前睡觉。

在日本很多家长认为，孩子不上补习班就进不了好学校。所以，不少补习班一直开到深夜，“生意”很是红火。专家警告说，长期睡眠不足和压力过大会导致孩子记忆力下降，丧失学习兴趣，会严重影响孩子们的身心健康。

二、回答问题

1. 日本小学生普遍睡眠不足的原因是什么？专家认为长期睡眠不足和压力过大会给孩子的哪些方面带来影响？

2. 压力对学生有什么影响？你是如何对待学习压力的？

第二组

一、朗读

在人们的记忆中,仅仅是为了让自己变得更漂亮而去做各种手术,似乎是演员、明星才会去做的事。然而,近年来,随着人们生活水平的提高和思想观念的转变,社会上做整容手术的人越来越多,甚至一些学生也为了能使自己眼睛更大些、鼻子更高些、脸型更漂亮些而加入到整容的行列之中。

据报道,重庆(ChóngQìng)的一家医院在暑假期间为150多位学生做了整容手术,其中90%以上是高中刚毕业的学生。武汉(WǔHàn)一所学校航空服务专业的30名女同学在老师的带领下到医院进行咨询,准备集体做整容手术。专家向记者介绍说,学生在整容人群中占有相当大的比例,甚至达到三分之一以上。

二、回答问题

1. 根据短文,以前去做整容手术的一般是什么人?现在社会上去做整容手术的人越来越多的原因是什么?

2. 你是否赞成中学生做整容手术?为什么?

第三组

一、朗读

上中学时,一个男生曾向我借20元钱。我有些犹豫,因为他家很穷,我怕他还不了钱。他说,保证5天之内还给我,我答应了。

第五天,男生没来上学。整个儿白天,我都在心里埋怨他。晚上,我听到宿舍窗外有人叫我,打开窗,那个男生满头大汗,手里是20元钱。

后来我才知道,他借钱是急着给母亲买药。为了还钱,他天天夜里去帮菜农卸车。第五天早上,他终于攒够了20元。这时他累极了,本想休息一下,没想到却睡到了天黑。他飞快地向学校跑,终于赶在宿舍关门前把钱还给了我。

以后看到信用之类的词,我总会想起他。据说,他后来成就了一番事业。

二、回答问题

1. 男生向"我"借钱时,为什么"我"有些犹豫?最后他按时还钱了吗?

2. 谈谈你对诚实守信的看法。

第四组

一、朗读

有一个名叫沃特的美国收藏家,他与其他收藏家不同的是,大部分收藏家愿意花大价钱购买贵重物品,而他却喜欢收藏画得不好的画儿。这些画儿主要有两种:一种是名家的"失常之作",另一种是价格低于5美元的无名人士的画儿。他没用多长时间,就收藏了200多幅。

1974年,他在报纸上登出广告,要举办首届"劣画大展",目的是让人们在比较中学会鉴别,从而发现好画与名画的真正价值。

这个广告很快成为人们谈论的热门话题。展览期间,来参观的人数量众多,有的甚至专门从外地赶来。这次展览非常成功，很多人认为这是因为它能够启发人们从失败中去思考成功之路。

二、回答问题

1. 沃特收藏的画儿有什么特点？人们认为“劣画大展”成功的原因是什么？
2. 请谈谈如何正确地对待失败。

MHK
中国少数民族汉语水平等级考试(三级)
口试部分

模拟试卷(三)

一、朗读

一天深夜，一对老夫妻来到一家小旅馆，可这里没有空房间了——估计这座小城别的旅馆也一样。好心的服务员说："我来想想办法。"他将老人带到一个小房间，说："也许这儿并不理想，但我只能做到这样了。"老人愉快地住了下来。

第二天，老人找服务员付钱时，服务员却说："不用了，那只不过是我自己休息的房间。祝你们旅途愉快！"原来，他一直没睡，在服务台坐了一个晚上。老人十分感动，说："孩子，你是我见到过的最好的旅店经营者！你会得到报答的。"

老人其实非常富有。后来，那个服务员在老人的帮助下成为了闻名世界的希尔顿酒店的经理人。

二、回答问题

1. 那个晚上服务员是怎样度过的？他为什么没收老人的钱？
2. 请介绍一次你帮助别人或者接受别人帮助的经历。

模拟试卷(四)

一、朗读

每个人都希望拥有健康的身体，但怎样才算健康呢？很多人对此并不十分了解。过去，人们认为身体没有生病就是健康。这种认识其实是非常片面的。随着科学的发展和时代的进步，现代人对健康有了更加科学、全面的认识。世界卫生组织对健康新作的定义是：身体健康，心理健康，道德健康，社会适应性良好。这说明，除了身体健康之外，健康还包括精神和社会层面的良好状态。这种新的健康观念强调了人是社会的人。因而现在医生在预防、诊断和治疗疾病的时候，不仅会考虑患者的身体情况，而且还会考虑到社会、心理、精神、情绪等因素对人体健康的影响。

二、回答问题

1. 世界卫生组织对健康新作的定义包括哪些方面？
2. 你认为应该如何保持健康？

MHK

中国少数民族汉语水平等级考试（三级）答题卡

白色检测区，请勿污染！

姓　　名：______________

性　　别：男▭　女▭　试卷号码：________

考 场 号：________　座 位 号：________

考 生 号：______________

填涂说明

1. 答题前，考生先将自己的姓名等项填写清楚。
2. 选择题必须使用2B铅笔填涂，作文必须使用黑色或蓝色签字笔书写，应字体工整、笔迹清楚。
3. 保持卷面整洁，不要折叠、弄破，不准使用涂改液、刮纸刀。
4. 填涂示例：正确填涂 ▬

　错误填涂 [A] [B] [C] [D]

贴条形码区

姓名

考场号

A ▬

选择题

1[A][B][C][D]	21[A][B][C][D]	41[A][B][C][D]	61[A][B][C][D]	81[A][B][C][D]
2[A][B][C][D]	22[A][B][C][D]	42[A][B][C][D]	62[A][B][C][D]	82[A][B][C][D]
3[A][B][C][D]	23[A][B][C][D]	43[A][B][C][D]	63[A][B][C][D]	83[A][B][C][D]
4[A][B][C][D]	24[A][B][C][D]	44[A][B][C][D]	64[A][B][C][D]	84[A][B][C][D]
5[A][B][C][D]	25[A][B][C][D]	45[A][B][C][D]	65[A][B][C][D]	85[A][B][C][D]
6[A][B][C][D]	26[A][B][C][D]	46[A][B][C][D]	66[A][B][C][D]	86[A][B][C][D]
7[A][B][C][D]	27[A][B][C][D]	47[A][B][C][D]	67[A][B][C][D]	87[A][B][C][D]
8[A][B][C][D]	28[A][B][C][D]	48[A][B][C][D]	68[A][B][C][D]	88[A][B][C][D]
9[A][B][C][D]	29[A][B][C][D]	49[A][B][C][D]	69[A][B][C][D]	89[A][B][C][D]
10[A][B][C][D]	30[A][B][C][D]	50[A][B][C][D]	70[A][B][C][D]	90[A][B][C][D]
11[A][B][C][D]	31[A][B][C][D]	51[A][B][C][D]	71[A][B][C][D]	91[A][B][C][D]
12[A][B][C][D]	32[A][B][C][D]	52[A][B][C][D]	72[A][B][C][D]	92[A][B][C][D]
13[A][B][C][D]	33[A][B][C][D]	53[A][B][C][D]	73[A][B][C][D]	93[A][B][C][D]
14[A][B][C][D]	34[A][B][C][D]	54[A][B][C][D]	74[A][B][C][D]	94[A][B][C][D]
15[A][B][C][D]	35[A][B][C][D]	55[A][B][C][D]	75[A][B][C][D]	95[A][B][C][D]
16[A][B][C][D]	36[A][B][C][D]	56[A][B][C][D]	76[A][B][C][D]	
17[A][B][C][D]	37[A][B][C][D]	57[A][B][C][D]	77[A][B][C][D]	
18[A][B][C][D]	38[A][B][C][D]	58[A][B][C][D]	78[A][B][C][D]	
19[A][B][C][D]	39[A][B][C][D]	59[A][B][C][D]	79[A][B][C][D]	
20[A][B][C][D]	40[A][B][C][D]	60[A][B][C][D]	80[A][B][C][D]	

书面表达（作文）

（35分钟）

(2)

作文要求

1. 写作前认真阅读作文提示，按提示要求在规定的时间内写完。
2. 用汉语简体字书写。每个空格写一个汉字，汉字书写要清楚工整；每个标点符号占一个空格，标点符号使用要规范。保持卷面整洁。
3. 作文中不得出现跟考生有关的校名、地名和真人姓名。

翻开此页到背面答题

注意作文格式及字数要求

中国　　北京

教育部民族教育司中国少数民族汉语水平等级考试课题组

白色检测区，请勿污染！

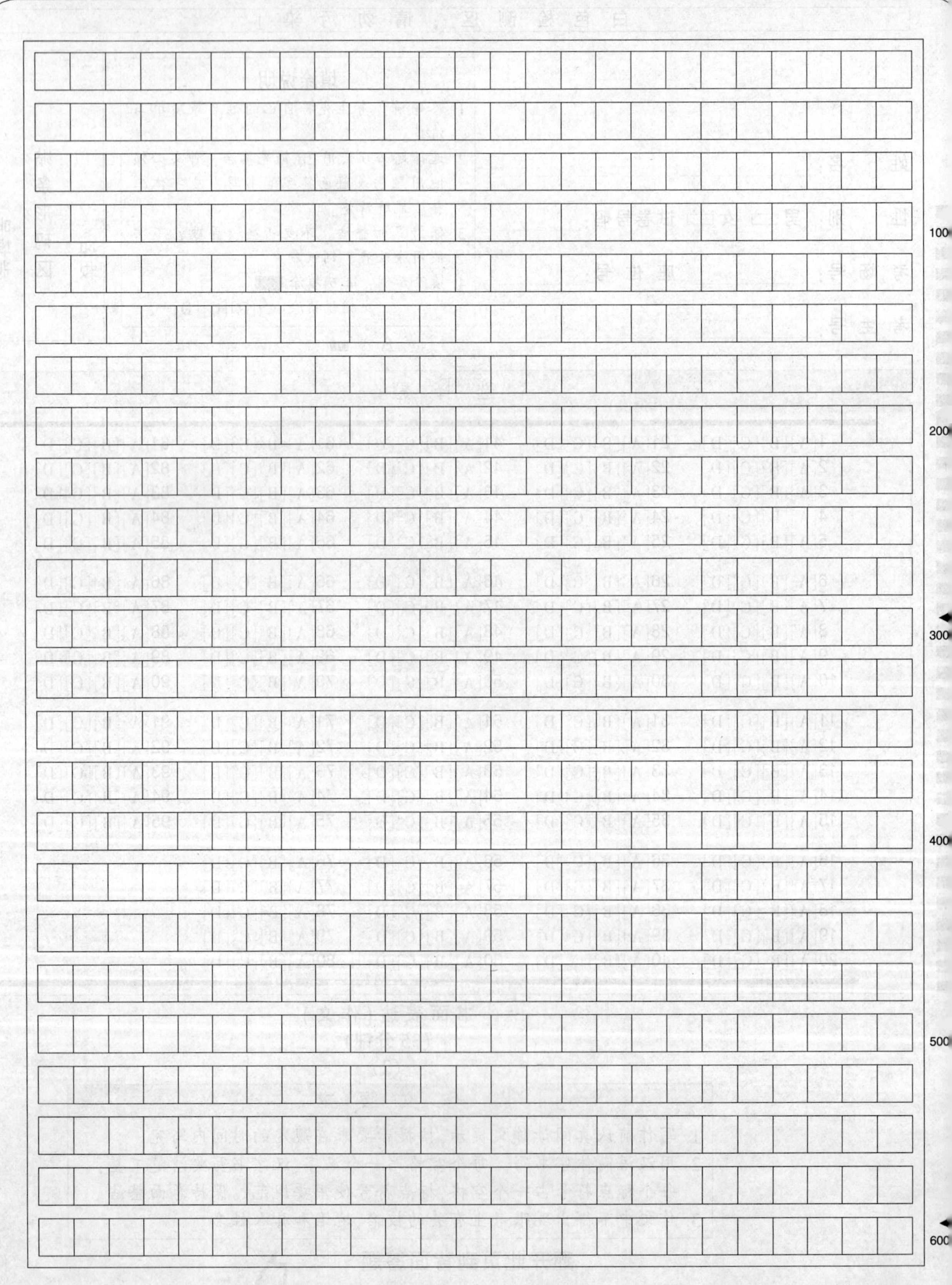